언어를 줍다

최명임 수필집

언어를 줍다

인쇄 2018년 10월 25일
발행 2018년 11월 01일

지은이 최명임
발행인 서정환
펴낸곳 수필과비평사
주소 서울시 종로구 삼일대로 32길 36(익선동 30-6 운현신화타워 빌딩) 305호
전화 (02) 3675-5633, (063) 275-4000, 275-0484
팩스 (063) 274-3131
이메일 sina321@hanmail.net, essay321@hanmail.net
출판등록 제300-2013-133호
인쇄·제본 신아출판사

저작권자 ⓒ 2018, 최명임
이 책의 저작권은 저자에게 있습니다. 서면에 의한 저자의 허락없이 내용의 일부를 인용하거나 발췌하는 것을 금합니다.
COPYRIGHT ⓒ 2018, by Choe myeongim
All right reserved including the rights of reproduction in whole or in part in any form.
저자와 협의, 인지는 생략합니다.
잘못된 책은 바꿔 드립니다.

ISBN 979-11-5933-183-1 03810
값 13,000 원

「이 도서의 국립중앙도서관 출판예정도서목록(CIP)은 서지정보유통지원시스템 홈페이지(http://seoji.nl.go.kr)와 국가자료공동목록시스템(http://www.nl.go.kr/kolisnet)에서 이용하실 수 있습니다.(CIP제어번호: CIP 2018035087)」

Printed in KOREA

＊ 이 책은 2018년 충북문화재단의 문예진흥기금을 지원받아 발간했습니다.

언어를 줍다

최명임 수필집

수필과비평사

| 책머리에 |

　내 글의 발원지는 아랫녘, 청보리색 바람이 자주 불고 어린 노루가 사립을 기웃거리던 청련한 산골이다. 시인이 아닌 아이가 있었을까. 나도 가슴에 시 한 편 품고 자랐다. 노루만큼 찬란했던 호기심과 올새 고운 감성이 시인의 창을 들락거리다 세상으로 날아왔다. 해사한 언어들이 날조된 생에 묻혀버렸다.

　내 삶의 얼개를 풀어 보니 꽃같은 날도 많았다. 곡진한 시간이 더 많았기에 상흔이 켜켜이 쌓인 가슴에서 잊어버린 언어들이 되살아났다.

　흔적 하나로 기틀을 잡으면 어느 접점에서 곡절을 풀어헤쳤다. 알 수 없는 용기가 나를 부추기고 요소요소에 들어간 낯선 언어들이 산고를 치르면 나의 글은 오롯한 희열이 되었다. 그 든든한 희열을 다시 들여다보다 부끄러움에 수없이 좌절하곤 했다.

　탈고하는 사이 봄이 왔다. 봄의 언어는 참 다양하고 화려하다. 어느새 그 봄이 가고 있다. 봄이 지는 이유는 무엇일까. 정녕 나의 시간이 흐르는 이유와 같으리라.

자주 조바심이 난다. 시간에 연연하던 오 년이 씨줄이라면 앞으로 남은 날들은 날줄로 삼아 수려한 모시 한 필 짜내는 것이 소망이다.

여기 졸고들은 숨 고르기다. 수천 보, 수만 보에 이르면 글 향기는 더욱 깊어지고 나도 익어가지 않을까 하는 열망으로 부단히 노력해 가는 과정을 정산한 것이다. 아직 설익어 공허한 메아리만 남을 지라도 그 또한 익기 위한 과정이라 나름의 핑계를 달아놓는다.

누구의 가슴에 신선하게 흡수되어 공명하는 글 한 편 있다면 이번 참에 나는 성공이다.

지는 봄이 참으로 사랑옵다.

2018년 봄에
최명임

차례

책머리에 4

1. 봄이 전설이 될라

봄이 전설이 될라 · 15
고향을 불러내다 · 20
궤도를 수정하다 · 25
허울만 좋은 · 28
불영사를 찾아서 · 31
일해백리 하다기에 · 36
노옹老饕 · 40
OOO님 귀하 · 44
파도를 타야 닿을 수 있는 곳 · 48

2. 난바다에 배를 띄우며

빨래의 의미 • 55
난바다에 배를 띄우며 • 60
합일의 경지 • 64
꽃이 피듯 • 69
천 개의 바람이 되어 • 73
반항의 이물 • 77
봄비는 얄궂다 • 81
무언거사 • 84

3. 호롱불의 덕목

호롱불의 덕목 • 91
소리, 그 소리 • 95
추풍낙엽의 이유 • 99
통즉불통 • 103
모란이 피었다 • 107
바다는 내게 • 111
서슬 푸른 봄 • 114
둥지를 트는 일은 • 117

4. 바람아, 바람아

바람아, 바람아 • 123
화해의 초대장 • 127
보편적 가치 • 131
정작 버릴 것은 • 135
마수걸이와 덤 • 139
흔적을 붙들고 • 143
부메랑 • 146
무쇠 솥으로 힐링healing을 • 151

5. 돌에서 언어를 줍다

달을 만나다 • 157
돌에서 언어를 줍다 • 160
더하기와 빼기 • 165
넋두리 좀 들어 보소 • 169
오름, 그 험난한 여정 • 173
아름다운 결미 • 178
칠월의 목련 • 182
페이지가 없는 공간 • 186

6. 손의 이력

손의 이력 • 193
어우렁그네 • 198
공산성과 노옹 • 203
달맞이꽃 • 208
가을 탓인가 • 212
할마의 전성시대 • 216
견 서방과 견공 • 220
그리움조차 놓아버릴라 • 224

다시 읽는 이달의 문제작 - **허상문** • 231
다시 읽는 이달의 주목작 - **장정옥**• 236
서평 - **이방주**• 238

1
봄이 전설이 될라

봄이 전설이 될라

꽃은 지천인데 나비가 없는 봄이 허우룩하다. 어디선가 명맥은 유지하고 있을까. 시골처녀나비도, 떠들썩팔랑나비도, 각시멧노랑나비도 옛이야기가 되고 있다. 나비 사랑에 일생을 바친 석주명 박사가 지은 이 아름다운 이름들 다 어쩌라고. 지하에서 탄식하고 계실 그분의 나비들은 다 어디로 떠났을까. 꽃도 제가 나올 때를 몰라 우왕좌왕하고, 피었으되 나비가 없는 봄이 낯설다. 벌의 개체 수도 줄어든다니 봄을 이야기할 무리가 모두 떠나면 봄도 사라질까 겁난다. 이상기온으로 봄이 사라질지도 모른다는 가슴 아픈 예보가 심심찮게 들린다.

'이러다 봄마저 전설이 될라.'

아직 봄은 때맞추어 오고 있다. 습한 공기가 덮쳐오고 열성 바람이 이르게 찾아와도 제 자리를 지키려 안간힘을 쓴다. 희망과 걱정이 교차한다.

나비가 오지 않는 꽃밭에 벌이 분주하다. 꽃 속을 누비다가 여기다 싶으면 달려들어 물을 만난 고기처럼 철벅거린다. 날개가 지치도록 찾아들어 거두는 수확에 즐거운 비명이다. 벌이 발자국을 옮길 때마다 가슴이 잉큼잉큼, 꽃은 마법 같은 사랑에 빠진다. 마치 섬섬옥수로 뽑아내는 가야금의 사랑가처럼 내 가슴도 두근거린다.

꽃은 제 향기를 기억할 물질을 분비해 벌이 기억하게 하고 다음 해도 찾아올 수 있도록 유인책을 쓴다니, 꽃의 세계에도 삶의 명제는 뚜렷하다.

봄은 꽃이 피는 것만으로 봄이 아니다. 꽃 또한 피는 것으로 꽃일 수 없다. 벌나비도 없이 지는 꽃은 의미 없이 다녀간 인연처럼 쉬이 잊힌다. 애써 향기와 꿀로 구실을 만들어놓고 벌을 유혹하는 사연을 알만하다.

벌이 다녀가면 꽃은 의미 전환을 한다. 자기완성이다. 비로소 봄도 완성에 이른다. 바람을 빌어 열매를 맺는 꽃도 있으니 제 삶의 진정한 가치는 어떤 고난 속에서도 빛을 발한다. 고등동물만이 누리는 특권인 양 눈물로 인생을 논하고 가슴 뜨거운 고뇌를 나는 이 꽃밭에서도 보았다.

벌의 움직임을 눈여겨보려는데 앵앵거리며 달아난다. 양 옆에 매달린 꽃가루 뭉치로 몸이 무거운지 이내 옆에 있는 꽃에 내려앉는다. 행여 땅에 젖은 그 보따리 놓칠라 녀석의 행동거지가 위태위태하다. 어떤 놈은 성에 차지 않는지 허겁지겁하고, 옆구리가 빈털터리인 놈은 잽싸다.

어떻게 해석을 해야 할까. 사람의 눈으로 보면 당연히 보따리를 양옆에 꿰찬 놈이 성실하다. 인간의 시선은 편견이 심해 자주 오류를 범하는데 결코 보이는 것만이 전부가 아니다. 무게에 휘청거리는 놈은 이른 새벽부터 설친 것 같지만, 느지막하게 나왔다가 겨우 한 짐 해서 욕심을 부리려니 어깨가 무거운 것이다. 지게를 미처 다 채우지 못한 놈은 아침에 꽃밭을 다녀갔거나, 아예 빈 지게로 나온 놈은 이른 새벽에 나와 두어짐 해놓은 잰 놈이 아닐까. 지극히 민주적이고 성실함의 대명사인 벌을 두고 내 관점으로 고민을 해결하고는 쿡쿡 웃는다. 사람을 볼 때도 제 관점으로만 보면 진면목을 보지 못하듯이 사실 내 안목으로는 이 민주적인 신사들의 진가를 다 알지 못한다.

벌은 결코, 제 이익을 위해서 꽃을 상하게 하지 않는단다. 벌과 나비를 사라지게 하는 인간의 이익 개념을 심히 부끄럽게 하는 녀석이다. 나는 그 아름다운 노동에 사뭇 숙연해진다.

어느 때부터인가 봄이 오면 희귀한 일이 벌어진다. 벌나비가 찾아와 사랑의 메신저가 되었던 낭만의 과수원에 사람이 벌이 되고 나비가 되어 화접을 한다. 흐드러지게 핀 배꽃 위로 무리 지어 날던 벌나비 대신 무미건조한 손이 오고 가는 모습을 떠올려 보라. 그것도 모자라서 기계의 힘을 빌려 화접을 하니 허공을 가르는 기계의 차가운 감성으로 어찌 저 꽃이 알찬 열매를 맺을까. 벌 한 마리의 소중함을 미처 깨닫지 못했다. 안일하게 낭만을 논하고 봉침의 약성을 노렸던 내가 부끄러워진다. 봄이 무색해지는 현실이다.

잃어버린 것들은 때때로 낯선 모습으로 되돌아와 우리를 후려친다. 나비를 도둑맞은 봄과 마음을 도적질한 기계와, 별을 도둑맞은 하늘은 우리의 가슴을 훔치고 있다. 언젠가 우리의 절규를 예견하고 있는지도 모른다. 꿀벌이 사라지면 지구도 사라진다는 선구자의 추상같은 엄포가 현실이 되어가고 있는 것은 아닌지 문득문득 두려워진다. 오던 길을 되돌아가 가장 적당한 시점에서 나비를 불러들이고, 벌이 떼를 지어 노는 길목에 봄이 허벌나게 웃는 모습을 보고 싶지 않은가!

더 늦기 전에 우리는 오만과 거짓된 사랑을 내려놓고 자연이 인간에게 느끼는 괴리감을 줄여가야 할 때다. 먼 훗날 후손들이 봄의 전설을 이야기할 슬픈 일은 없어야 하기 때문이다.

사라지는 것들은 그리움을 남기고 떠난다. 나비를 찾아 부단히 발걸음을 옮기는 나비 박사를 기다려도 좋을까. 그와 함께 나비가 돌아와 봄을 부추기고 벌이 부산하게 꽃밭을 누비면 봄이 영원하려나.

꽃이 핀다. 꽃이 진다. 공연히 지는 꽃이 서럽다. 지는 내가 서러운 건가? 머지않아 봄도 떠날 것이다. 다시 올 적에는 강남으로 떠난 제비를 불러 모아, 나비와 더불어 오는 봄이었으면 좋겠다. 사립문에 웅크린 제비꽃이 실눈 뜨고 기다리던 몽환의 봄을, 내 까마득한 기억 속에 자리한 그 봄을 많이 닮아있으면 좋겠다.

나는 정녕 이 아름다운 계절을 잃고 싶지 않다. 아주 가지는 말라고, 임을 본 듯 반길 터이니 부디 다음을 기약하자고 달래보련다.

지금은 사월, 숨 가쁜 봄이다.

고향을 불러내다

 가을은 배냇 한기를 품고 있어 깊어갈수록 가슴까지 파고든다. 옷깃을 잔뜩 여미고 걷다가 남이장군 무덤 앞에 섰다. 무성한 세월을 넘어온 장군 앞에 예를 표하는데 갈잎이 덩달아 몰려든다. 못다 한 충정과 청춘의 죽음을 애도하는 듯 무덤을 에워싸고 있다. 옛것이 있어 지금이 아름다운 남이섬에 장군은 회한을 풀고 누웠으리라.
 가을이 은행나무 숲에 황금색 카펫을 깔아놓았다. 사람들이 가을을 기리며 걷고 있다. 나도 깊숙이 그 속으로 걸어 들어갔다. 비로소 집착을 버린 듯 남은 잎들이 우수수 떨어진다. 아이가 환호성을 지르며 받아 안고 웃는다. 새날을 위한 마지막 피날레다. 우리는 저 낡은 파편의 체념이 없는 한 내년 봄 첫날이 올 수 없음을 알고 있다.

 남이섬은 과거와 현재를 조합하여 놓고 사람들을 불러들여 공존의 미학을 부각하고 있다. 옛것을 버린 '지금'이란 있을 수 없는 법, 그것은 정신을 놓쳐버린 몸뚱어리와 같다. 하여 남이섬은 지금 그 이야기를 들려주고 있는 것이다.

 두서없이 눈길을 주며 오르는 길에 지붕을 이는 초가가 눈길을 붙잡는다. 가슴이 뭉클하다. 옛것의 바탕 위에 우리가 서 있음을 다시금 새겨보라는 듯 발길을 멈춰 세운다. 남편의 눈빛이 환해진다. 친근한 언어로 기억을 소환해내고 전설 같은 이야기를 쏟아낸다. '알고 있어요.'라고 말하고 싶은데 표정이 너무 진지해서 고개만 끄덕였다.

 내게도 어느 하루가 기억의 회로를 돌기 시작한다. 이엉을 지고 지붕을 오르내리는 저 일꾼들의 모습이 그날에 겹쳐진다. 비알진 지붕에서 아재들이 추임새처럼 일손을 주고받으면 이엉은 지붕 한 바퀴를 돌아왔다. 힘에 부치면 막걸리 한잔으로 목을 축이고 다시 지붕으로 올랐다. 고삿매기를 마치면 거지반 완성이지만, 지붕의 절정은 용마름을 얹는 일이라고 했다. 아버지의 아버지, 그 아버지의 먼 할아버지께서 내리 가르쳤을 전설 같은 용마름을 얹고 내려오면 그 밤엔 달빛이 더욱 천연스러웠다. 초가는 소박한 언어로 달빛을 가로채어 처마 밑 사연을 낱낱이 기록했다.

요란한 개화의 물결이 밀려들었다. 흐르고자 하는 명성황후의 뚝심 앞에 대원군의 아집같은 기와집 몇 채만 흔들리지 않았다. 낡은 짚 지붕이 무너져 내리고 삭은 지푸라기가 고루한 역사의 잔재처럼 떨어져 내렸다. 집을 잃어버린 굼벵이가 종일 마당에서 뒹굴었다.

양철 지붕이 눈부시게 빛났다. 그날 아버지는 지붕 위로 올라가 보고 싶다는 오빠 손을 이끌고 함께 오르셨다. 당신의 역사가 뒤안길로 사라지는 모습을 보여주려 하셨을까. 내심 뒤를 이어 태산준령 같은 삶을 이끌고 갈 아들에게서 희망을 보셨으리라. 오빠는 백두산 등정이라도 한 것처럼 나를 향해 환호성을 보내왔다. 나도 오르고 싶었다. 여식 애가 오를 곳은 아니라고 일침을 놓는 어머니는 아들을 향해 대견한 듯 웃음을 보내셨다. 일꾼으로 온 서 마지기 농사꾼 봉도 아재도 꿈을 꾸었다. 기억에는 없지만, 이엉을 엮는 구시대적 풍경은 아재를 끝으로 사라졌을 것이다.

가끔 물초가 된 짚 지붕의 낙숫물 소리가 그리웠다. 도시의 징한 소음에 묻혔다가 돌아오면, 혼곤히 빗소리에 빠져들던 그 시간이 그리웠다. 짚 지붕 결 사이로, 고샅고샅 흘러내리다가 땅으로 은근슬쩍 뛰어내리는 빗소리는 비몽사몽 중에 들리던 어머니의 구전동화처럼 나직하고 정서웠나. 사라진 것은 추억 속에만 있어 너 애듯한 걸까.

양철 지붕은 짚 지붕처럼 완만하거나 도타운 구석도 없이 짐짓 신선한 개화의 눈빛만 보내고 있지만, 정겨움을 찾을 수가 없다. 억지로 올려놓은 박 덩어리가 불안하고 서로 데면데면 부조화를 이루는 풍경도 낯설었다. 얄팍하기 짝이 없는 지붕으로 화급한 빗소리가 난타하면 마음이 따가웠다.

  양철 지붕의 난타는 개화의 소리였다. 요란했다. 동네 아낙들이 비녀를 버리고 삼단 같은 머리채를 잘랐다. 어머니는 파마를 하고 오시더니 며칠 동안 머릿수건을 벗지 못하셨다. 뒤탈을 무릅쓰고 저지른 행동은 명성황후의 그것과 닮았는지 모르겠으나, 과감히 머릿수건을 벗은 날 양철 지붕의 얍삽한 속내처럼 속도 없이 부풀려진 머리를 보고 아버지는 그만 기함을 하셨다. 그 뒤로 어머니의 새하얀 코고무신이 봉당에서 밀려나고 삼베적삼이 얄궂은 옷에 밀려나도 체념하신 듯 말씀이 없으셨다. 개화의 눈물이 산골을 벌집 쑤신 듯했지만, 증조부 댁 기와집은 대원군의 아집처럼 꿋꿋이 남았고 할머니는 돌아가실 때까지 비녀를 빼지 못했다. 모르긴 해도 명성황후와 그 시아버지의 알력 속에서 흔들렸던 조선처럼 한동안은 그 댁도 조마조마하였으리라.

  얼마 전 고향에 다니러 갔더니 기와집은 무너지고 퇴색해버린 기왓장만 나뒹굴었다. 마침내 무너지고 만 대원군의 아집 같기도 하고 외압에 견뎌내지 못한 조선의 모습 같아서 서글펐다. 물은 흘러도 그 본질은 변함없음을 이제야 깨우친 듯 기왓장 사이로 초록 풀이 무성하고 마당에 무궁화가 나직이 피어있었다.

나는 아직도 기억 저편에 초가를 품고 있다. 가끔 후끈한 온돌방에 몸을 누이는 상상을 한다. 후드득 봉창으로 뛰어드는 빗소리와 짚 지붕의 소리 없는 빗소리를 들으며 한잠 푹 자고 싶다. 누가 뭐라 하겠는가. 아직도 초고속으로 몰려오는 개화의 물결 속에 고요히 찾아드는 저 아슴푸레한 시간을.

초가는 의당 벗어나야 할 문맹이었다. 하지만 내겐 삼베 적삼에 배어있던 어머니 체취였다. 그래서 그 양반의 아집처럼 꼭꼭 붙들고 있다.

궤도를 수정하다

　선글라스를 끼고 꽃무늬 청바지를 입은 그녀에게서 신선함이 뚝뚝 떨어진다. 일 년 만의 외출이란다. 또 한 사람, 그녀도 목하 갱년기 증후군을 앓고 있다. 가슴에 이글거리는 불을 끄기 위해 엄동설한에 창문을 열고 선풍기를 켜놓고 잠을 잔다. 그녀들의 들뜬 기분이 내게도 전해진다. 피붙이인 듯 남인 듯 소통이 안 되는 날도 있지만, 그녀들과 함께하면 가슴 뜨거운 날이 더 많다.
　세 여자의 일탈은 갱년기의 공허함을 메워보자고 작당한 일이지만, 셋째 동서를 위한 이유가 더 컸다. 그녀는 일년 남짓을 이불을 뒤집어쓰고 누워 살았다. 가슴에서 불이 나면 맥주 캔을 따고 밥 굶기를 수없이 했다. 그러다 감정을 주체 못 하면 벽에다 머리를 박고 소리 없는 비명을 질렀다. 잘 웃고 말수가 많던 사람이 말을 잃어버렸다는 사실은 심각성을 얘기하고도 남았다. 연노랑 원피스를 입고 개나리꽃 모습으로 첫인사를 왔던 그녀가 중년의 가슴앓이를 하고 있다.

　제주는 삶을 걷어차고 싶을 때, 채워지지 않는 욕구에 화기가 엄습할 때 사람을 달래는 묘한 매력이 있다. 그녀에게도 그랬으면 좋겠다. 천성이 아름다운 섬 이야기를 좇아 나선 지 한나절, 긴 듯 짧은 듯 하루를 보내는 동안 세 여자는 어느새 일탈한 모습이다. 아내도 엄마도 어른도 아닌 순수 그녀들이다.

　바다를 마주하고 섰다. 칼바람이 몰아친다. 이 무법자는 바다만 건드리는 것이 아니다. 그녀들이 네 활개를 퍼덕이며 모래밭을 날아다닌다. 바람은 그녀들의 괴성을 읽어 들이다 비명을 지른다. 화기의 분출이다. 끝내 허물을 벗고 나온 매미의 신선한 울음소리가 들린다.

　바다는 늘 평온하고자하나 바람은 난데없는 파도를 앞세워 용틀임한다. 바람은 분출하는 용암을 보았을까. 킬러의 서늘한 눈빛으로 육중한 파도를 달고 와 섬을 삼킬 듯이 달려든다. 철옹성 같은 섬을 마주하고는 이내 스러지는 불같은 욕망이다. "저 혼란으로 들어가면 어찌 될까." 하였더니, "죽음이죠."라고 한다. 바람을 통제하고 살아내는 것이 우리의 소명이다.

그녀들의 가슴앓이는 바람이다. 삶의 궤도를 수정하고픈 욕구가 빚어내는 성장통이다. 가질 수 없는 것, 이룰 수 없는 것, 될 수 없는 것에 대한 원의가 파도처럼 달려들다 부질없는 것임을 깨달아버리면, 욕망은 제주 섬 뿌리를 흔들다 지쳐버린 바람처럼 해체되어 버린다.

파도는 어쩌자고 변함없이 들이닥칠까. 가속도가 붙으면 살기가 느껴진다. 무심한 바위로 격하게 달려들다 산산이 부서진다. 욕망으로 부딪쳐와 그로 인하여 부서지는 미욱한 인간처럼….

제주 섬의 바위도 한때 이글거리는 불길이었다. 무작정 내달리다가 어느 순간 저를 내려놓고 선정에 들었다. 그래서 바람이 들어찰 여지가 없다. 텅 빈 가슴을 드러내고 불언지교를 하고 있다.

그녀들이 드디어 칼바람을 받아치고 있다. 파도를 향해 소리치고 있다. 바람과 파도와 길항작용이 일어나면 분명 그녀들의 가슴에도 상쇄되는 무엇인가 흘러내릴 것이야. 그러면 그녀들의 가슴도 빈 곳이 생겨날 것이야. 턱없이 몰려온 파도가 하얗게 부서진다.

그녀들이 숨을 헐떡거리며 웃고 있다. 팍팍한 삶의 피각이 뚝뚝 떨어진다. 심드렁해진 바람이 돌아가려나, 잦아들고 있다.

허울만 좋은

    자세히 보면 맵시와 빛깔이 곱상하다. 보드레한 날개옷으로 금방 날아오를 것 같다. 이름도 예쁘다. 능청스레 잡아볼까 하고 손을 내밀었더니 톡 튀어 달아난다. 선녀처럼 우아하게 날아오를 줄 알았다. 행실도 고울까? 마음까지 고운 것은 아니라서 나비가 아닌 벌레이다.
    곳곳마다 중국 꽃매미가 산통을 깨고 미국 선녀벌레가 평화를 깨고 있다. 내 집 남새밭과 꽃밭에도 벌떼같이 들러붙어 있다. 내것이 있어야 아름다운 자리에 남의 것이 허울 좋은 이름으로 난무한다. 나비였으면 환상의 풍경이련만, 내것은 어디 가고 들러붙어 기생질이다. 집단폭력이다.

　장대비라도 내리면 저 불청객이 떠날까 싶은데 습한 열기에 가뭄까지 보탠다. 한껏 곧추세우던 진초록 자태에다 끈적끈적한 배설물을 뿌려놓고 타들어 가는 속처럼 시커먼 그을음으로 칠을 해놓았다. 일그러진 사회의 단면을 보는 듯 불안하다. 피를 말리는 것 같아서 마음이 다급하다. 봉긋하게 살 오른 수세미와 여주가 그런 오물을 뒤집어쓰고 비명이다. 응급처방으로 모기약을 뿌렸더니 비명을 지르며 달아난다. 대추나무에도 촘촘하게 들러붙어 수액을 빨아대고 적 단풍 몸뚱이도 성한 곳이 없다. 가지를 세차게 흔들었더니 자지러지다 사람에게 덤빈다. 염치도 없이 당당하게 제 삶의 이유를 들이댄다.

　하필이면 천상선녀의 이름을 달고 무법자가 되있을까. 내비닌 매미였지 앞에다 꽃은 왜 붙였을꼬. 저녁 찬을 준비하려고 가지를 따는데 내 힘에 딸려온 몸이 부르르 떤다. 화들짝 놀란 선녀벌레들이 사방으로 튄다. 곤란하면 튀는 것이 습성인가 보다. 고운 날개를 펴고 하얀 꽃무리로 날아오른다. 날개옷 입은 선녀가 따로 없다. 내게는 해충이지만 올여름 저들은 찬란한 생을 누리고 있다. 하늘로 날아오르나 했는데 이내 보이지 않는다. 어느 잎사귀에 내려앉아 피를 말리고 있을 거다.

　제 삶에 아무리 큰 의미를 둔다 해도 누군가에게 해악이 된다면 엄연한 해충이다. 제 이익 챙기느라 남의 눈물을 보지 못해 나비가 아닌 벌레이다. 사방에 깔려놓은 애벌레는 또 얼마나 많을까.

해충과 이념과의 전쟁이 다난한 8월이다. 어이없는 생트집이 불거진 시점이다. 이념은 달라도 해악이 되기보다는 더불어 가야 하지 않겠는가. 미사일과 사드의 이념 전쟁으로 흔들리는 정국을 보며 애먼 가슴에 불똥이 튄다. 우선순위를 가려야 하는 민심은 된밥 먹고 얹힌 가슴처럼 답답하다. 저 해괴한 해충의 행동거지도 보아하니 의당 합세해야 한다는 트집인가?

이상도 하다. 잔뜩 엎드려 진액을 빨아대는 무리가 역겨운데 바로 옆 소나무에는 범접하지 못한다. 감히 그어놓은 선을 넘지 못하는 것이다.

반갑다. 반갑다. 기개 높은 소나무가 해충을 제어한다. 독야청청한 절개와 자존심이다. 해충 들끓는 무궁화 뒤에 철통같은 방어벽이다.

중국 꽃매미, 미국 선녀벌레 그 이름 내려놓아야 할 거다. 허울만 좋은 그 속을 파보면 소리장도가 따로 없으니 보름에 한 번, 아니 사흘거리로, 그도 안 되면 매일 저 극성스런 해충들의 주리를 틀어놓아야 할 일이다. 행여 그 무리로 인하여 소나무의 기개까지 흠으로 얼룩지지 않게 말이다.

불영사를 찾아서

 깊은 골에 바람이 어찌나 매몰찬지 준비 없이 찾아온 객을 내쫓기라도 하듯 등을 떠밀었다. 청의를 입은 계곡물에 손이라도 씻고 가자고 차에서 내렸다. 하등의 관계도 없으련만, 기어코 된바람이 발걸음을 묶어버린다.
 금강소나무 숲은 예약하지 않으면 갈 수 없다는 안내판을 보고 되돌아오는 길이다. 주유소 기사님께 넋두리하였더니 멀리서 오신 손님을 내치지는 않을 테니 금강소나무 숲길 꼭 들러보고 가라 한다. 남편은 다시 갈까 하는 눈빛으로 쳐다보는데 고개를 저었다. 송림의 운치를 즐기지 못하고 가면 후회할 거라는 대단한 긍지와 울

진의 넉넉한 인심을 대변하는 기사님의 한마디에 잠시 흔들렸지만, 우리의 불찰을 얼렁뚱땅 넘겨보자는 것은 도리가 아니라고 생각했다.

그곳이 아니라도 좋다. 골짝마다 비바람에 견뎌온 소나무가 송림의 운치는 덜 할지언정 잡목에 듬성듬성 섞여 군계일학의 면모답다. 잡목이라 했지만, 초록은 동색이라 그 어울림이 절대 허접하지 않다. 오랜 연륜과 창연한 모습에 감동하며 서운함을 툭 털어버렸다.

굽이진 도로를 조심스레 내려오는데 불영사라 적힌 이정표가 눈에 들어온다.

'뭐지? 이 낯선 단어의 친근함은….' 훅 지나 가버린 뒤에 떠오른 생각이 목성균 선생님의 《누비처네》에서 본 불영사이다. 방향 설정이 잘못되었던 것은 애당초 불영사를 찾아가고픈 내 열망이 미리 정해 놓았던 것은 아닐까. 《누비처네》를 읽으며 그 아릿한 삶의 흔적들이 묻어나는 달가운 언어에 가슴 뻐근한 적이 한두 번이 아니었다. 생전 맡아본 적 없는 낯선 글 향기로 포화상태가 되면 꿈을 꾸었다. 내게도 길이 생길지도 모른다는.

아내를 대동하고 애마 엘란트라를 부리며 태백산맥을 넘어온 〈불영사에서〉란 수필은 그 여운이 깅하게 남아 있다. 감히 그분을 닮고 싶다는 열망으로 단숨에 읽어버린 《누비처네》속의 한 여정을 따라 나섰다. 그것도 37주년 결혼기념일, 얼떨결에 선생님의 불영사와 해후를 시도하는 것이다.

  불영사 입구에 차를 세우고 둘러보았다. 선생님도 여기 어디쯤 당신의 애마를 세우고 먼 길 달려온 여행객의 입장으로 마방 주인의 후한 인심을 맛보고 싶었노라고 하셨지. 마방 주인은 보이지 않고 주막집 주인장이 허기에 지친 객을 맞는다. 두릅전과 막걸리 한 병을 주문했다. 반주 한 잔도 대작하지 못한다고 항상 불만인 그가 굳이 잔을 권한다. 스물넷 세상 물정 모르는 순진한 처녀와 스물여덟 팔팔한 총각이 저문 황혼 길에서 희끗한 머리를 드러내고 웃고 있다.

  누가 노부부에게 젊음을 내어준다면 돌아가겠느냐고 물었다. 늙은 아내는 단호하게 돌아가고 싶지 않노라고 했는데 지금이 가장 행복한 시간이라고 했다. 나도 그렇다.

  불영교를 넘어서기 전에 사람들이 멈추어 서서 다리 아래를 내려다본다. 얼음 알같이 맑은 물에 쭈뼛쭈뼛 자신을 비추고 있다. 속계와 선계의 경계에 서서 한 번쯤 흔들렸을 비구니가 마음을 훌훌 씻고 갔음직한 불영교에서 우리 부부도 멈추어 섰다. 적어도 저 맑은 물에 마음 한 곳 씻고 건너야 하리라는 급조된 겸손이다.

  다리를 건너 숲길로 들어서니 5월 훈풍이 대담하다. 선생님이 찾았던 계절의 적요함과 달리 오월의 바람으로 계곡은 전신에서 초록 비색을 발하고 있다. 청춘의 들뜬 회오리가 초목 사이를 비집고 그 싱그러운 공간에서 젊은 내외가 행복을 기기에 담고 있다. 대단한 일로 싸우게 되더라도 저렇게 쌓아둔 추억으로 흔쾌히 화해하리라. 선생님께는 처네 포대기가 있었듯이 나도 무엇 하나 단단히 있어 각다분한 세월 받아내고 지금 소소한 행복을 누리는 것이다.

연못에 부처님의 그림자가 비쳤다 하여 불영사라는 절이다. 새로 지은 전각이 먼저 눈에 들어오는데 전각 앞 스님들이 일구어낸 밭에 푸성귀가 다복하다. 불영계곡 이슬을 받아먹고 자랄 터이니 신선도가 최고일 거라는 주부의 근성을 드러내었다. 한 오십 보 뒤에서 바라본 젊은 비구니 만질만질한 꼭뒤가 봄볕에 따가워 보인다. 굳이 얼굴을 볼 이유야 없겠지만, 불영 계곡에 사는 그녀는 얼마나 맑고 고울까, 공연히 궁금하다.

본당은 제법 떨어진 곳에 자리하고 있다. 들러리 같은 새 요사채 아직 마르지 않은 물기와 본당의 고색창연한 풍채가 대조를 이룬다. 막 입문한 비구니의 불심처럼 저 고색창연함에 스며들지 못한 모습이 어쩐지 눈에 설다. 속세에 절은 눈으로 연못가에 서서 부처님의 그림자를 찾으려니 아무래도 길이 없다. 대웅전 보이는 부처님을 향해 예를 올렸다.

돌아 나오는 길 요사채 봉당에 새하얀 고무신이 정갈하다. 아까 본 그 여승의 신발일까. 눈이 부시도록 순결하다. 이번 생에 흔적 하나 거기에 두고 피안의 세계에서 노닐고 있으려나. 속신이 묻은 발이나마 한번 신어보고 싶다는 충동을 느낀다. 무슨 속셈인지 그 담 밑에 뱀 한 마리가 어슬렁거린다. 속인의 눈에야 맹랑한 물건이지만, 불영계곡의 이슬을 먹고 목탁 소리로 하루가 저물 터이니 내로라하는 소인배보다야 백번 나은 불심을 가졌는지도 모른다.

  선생님이 만난 초로의 신사 내외가 앉았던 벤치는 비어있다. 어느 낯선 도시에서 생의 여정을 이어가고 있을까. 굳이 먼저 가셔야 했던 사연이 없었으면 나도 선생님을 뵐 수 있었으련만, 책으로 만난 인연이라도 간간히 그분이 그립다. 그날 저문 산사의 분위기와 다르게 해가 막 중천을 비켜가고 한낮의 열기로 마당 곳곳에 열화같이 꽃이 핀다. 세상 떠나신 뒤에 더욱 빛나는 선생님의 문향이 군데군데 배어있다.

  늦가을 저물녘에 초로에 접어 든 내외가 다정히 손을 잡고 산길을 내려가는 풍경을 그려본다. 그날 동해로 떠난 선생님의 여정과는 반대로 우리는 포항으로 애마를 재촉해 길을 떠났다. 늦은 저녁 모둠회를 시켜놓고 남편은 소주 세 병으로 나는 소주 한잔으로 맛깔나게 대작하였다. 파닥거리는 오징어 회를 앞에 놓고 아내와 기꺼이 교작하셨을 선생님을 떠올리며….

일해백리하다기에

    나이와 함께 약의 가짓수가 늘어난다는 말은 우스갯소리가 아니었다. 한 움큼의 약을 입에 털어 넣을 때마다 가슴이 서늘하다.
    약을 줄여갈 생각으로 운동과 함께 마늘을 먹어보기로 하였다. 마늘은 한 가지 흠만 제거하면 백 가지 이로움이 있다니 작심하고 의지해 보려고 한다. 한꺼번에 욕심을 내어 많은 양을 샀더니 까는 일이 막막하다. 내게 접으로 마늘을 까는 일은 도 닦는 심정으로 해야 하는 일이다. 시간을 잡아먹는 데다 반복의 무미건조함 때문이다. 그런 나에게 즐기면 되지 않겠느냐고 말들을 하지만, 엉뚱한 곳에서 배회하는 마음을 붙들어 앉히기란 그리 쉬운 일이 아니다.

염치 불고하고 어머님께로 들고 갔다. 심심하던 차에 잘되었다며 흔쾌히 도와주셨다. 아들의 성화에 못 이겨 어쩔 수 없이 일손을 놓으신 어머니는 텃밭에서 자주 서성거리신다. 일이 목숨 줄인 줄 알고 살아오셨으니 구순을 넘어서도 손을 놓기가 어려운 것이다. 모처럼 생긴 일거리에 마음을 두고 조곤조곤 즐기신다. 어머니는 정말 마늘 까는 일이 즐거우실까. 내가 아는 어머니는 무슨 일이든 오롯이 마음을 두고 하신다. 나는 천방지축 뛰는 망둥이라면 어머니는 물살을 거슬러 올라 심화를 평정한 연어의 모습이다.

 한 접을 풀어놓고 까는데 금세 허리가 아프고 어깨가 뒤틀린다. 두어 시간은 얌전히 버텨보자고 마음을 다스리지만, 생각과는 달리 좀이 쑤셔온다. 어머니는 더 힘이 드실 터인데 시작할 때와 변함없는 자세로 열중하고 계신다. 나는 처음부터 억지 마음을 내었으니 몸살이 나는 것이고 어머니는 연륜으로 이미 마음을 다스리는 법을 익히신 것이다.

 지루함을 비껴가려고 장난을 했다. 막 캐낸 마늘이라 물기를 머금은 껍질이 두툼하다. 한 겹 벗겨보았더니 외압을 견뎌낸 겉옷은 결이 굵은 삼베옷 같다. 또 한 겹 비밀의 문을 열고 들어가니 홍조 띤 비단옷이 드러난다. 대여섯 겹 무리 없이 걸쳐 입은 옷을 다 벗겼더니 알맹이가 오종종히 머리를 맞대고 있다. 희한도 해라. 보석이라도 되는 양, 한 알 한 알 비단보에 옹차게 싸여 있다. 마지막 보자기를 풀어헤치니 아른아른 비치는 모시 한 겹이 휘장을 치고 있다. 그마저 열고 보니 막 목간한 아기의 속살같이 반들반들하고 포동포동한 알맹이가 나온다. 달처럼 뽀얀 살결에 생김도 오달지다.

억지로 할 때는 칼을 들이대고 몰강스럽게 굴었는데 한번 보자고 마음먹었더니 투명한 휘장 속에 달빛 반달이 들어 있다. 그 반달이 마고자에 달린 미색 옥 단추를 닮았다. 달은 어둠을 여는 열쇠, 옥 단추는 폭풍을 삼킨 사내의 가슴을 매듭짓는 고졸한 문지기, 겹겹 비단에 싸인 마늘은 비밀의 문을 나와 우둔한 곰을 환탈하게 하였다지.

마늘각시는 왜 열두 대문을 닫아걸고 비밀도 아닌 것이 비밀에 싸여 있을까. 본질은 내밀한 방보다 더 깊은 곳에 감춰져 있는 법, 가아假我의 껍데기를 수백 겹 벗겨나가다 드디어 '나'를 만난 웅녀의 명답이다. 속인의 물듦에서 벗어나지 못한 호랑이도, 나도 찾아내지 못한 구중궁궐 속에 숨어 있는 환심장할 진아眞我의 자태이다. 인고의 세월이 겹을 이루면 그때는 나도 나를 알아보려나.

마늘을 까는 동안 풀방구리에 쥐 드나들 듯이 하여도 어머니는 여전하시다. 결국, 진득하니 여문 어머니의 손끝으로 마무리를 하였다. 우접는 인내로 거듭난 웅녀가 단군조선의 어머니가 되셨듯이, 내가 시집와서 듣고 또 지켜본 우리 어머니 역시 그 피를 받아 숙명처럼 사셨다. 어찌 어머니만이랴, 고조선 이래 그 피를 받은 모든 여인은 삼동 같은 인고의 삶을 따라 살아가는 것이다.

뽀득뽀득 씻어서 채반에 건져 올렸다. 물 서너 바가지를 휙휙 끼

얹어 놓고 물기가 마르기를 기다리는데 얼음 알갱이 맑은 물이 방울방울 맺혔다. 저를 고스란히 드러내 놓고도 부끄러움이 없다. 순수의 극치이다.

　항아리에 담고 간장과 설탕과 식초를 조합하여 부었더니 밤바다에 동동 뜨는 뽀얀 반달이다. 사부자기 떠올라 어두운 밤을 열어젖히고 해발쭉 웃는 반달 저 어여쁨이라니. 소싯적에 보아 온 고향 달을 닮았다. 불잉걸 같은 가슴을 삭여주던 그 달이 지금은 어쩐지 달빛조차 잉걸을 품고 떠오른다. 아니, 내가 본 달은 인공 불빛에 바래어버린 도심의 서글픈 달빛일 것이다. 산골 달은 지금도 어둠을 열어 소소하고 정겹기 그지없으리라. 마늘을 들여다보고 섰으려니 문득 그 달을 찾아 나서고 싶은 마음 간절하다.

　저 농도 짙은 묘약은 마늘의 사나운 냄새를 가라앉힐 것이다. 넘으로 화급한 성질까지 잡아 순한 심성으로 바꾸어 줄 것이다. 겁 없이 몇 톨 집어 먹어도 탈이 없는 평이해진 맛이 내 몸의 난을 평정한다니 믿어 보련다.

　마늘의 일해백리 중 한 가지 흠을 없애는 과정이다.

　혹, 누가 알랴. 마늘의 신비한 약성으로 기름진 내 육신뿐만 아니라 수양이 덜 된 소갈머리까지도 알토란같이 될는지.

노옹 老甕

　배고픔을 빌미로 태어난 자존심일 거다. 가난을 빌미로 익어간 손맛이 최고조에 이르렀을 때 태어난 장인의 자긍심일 거다.
　그도 송 노인처럼 가마에 불질하며 희망을 보았을 거다. 송 노인의 비극적 삶은 닮지 않았어도 소태같이 쓰디쓴 사연이야 없을 리 만무하지. 그러저러한 사연으로 평생을 꾸역꾸역 독을 짓고 살았을 것이다. 독에 대해서는 고수가 되어도 가난에서 크게 벗어나지 못했으리라.
　그가 독을 지고 장터로 간 날 새댁이었던 어머니는 고수의 자존심을 받아 들고 신주 모시듯 모셔왔다. 독의 진중한 가치를 몰랐다

하여도 할머니의 본을 받아 의당 지켜야 할 아녀자의 도리라 여겼다. 가장은 장독간을 지어 철륭신을 모시듯 올려놓았다. 그 또한 안사람의 진심에 부응한 가장의 도리라 여겼음이다.

  독에 무엇을 담았든 어머니 손길은 한결같았지만, 식구들이 먹을 장을 담가놓으면 마음이 숙연해져 어루만지셨다. 안사람의 치성과 독의 열정으로 익은 장은 남루한 시대 식솔들의 얼굴에 핏기를 돌게 하고 노곤한 삶에서 일으켜 세우는 발판이 되었다. 그 사실을 늘 염두에 두었으니 장독에서 철륭신을 보셨을 것이다. 시집와서도 철륭단지를 보았는데 단지 속에는 농사 첫물 우케가 담겨있었다. 처음 장을 담그던 날 나도 뒤꼍각시 불러 비손하였다. 진정한 안사람이 된 것 같아 뿌듯했다.

  빈집에 버려진 늙은 독이 남편의 손에 이끌려 내게로 왔다. 안주인이 눈에 밟혀서 가져간다 해도 새 집에 어울릴 리 만무한 퇴물이다. 문득 어느 산골 빈집 지기 늙은 안사람이 떠올랐다. 자식들 모두 대처로 떠난 뒤 홀로 집을 지키는 노인을 보며 버려진 듯, 아닌 듯 가슴이 따가웠던 기억이 떠오른 것이다. 성주신도 떠난 빈집 처마 밑에서 먼산바라기 하던 노옹을 가타부타 말없이 장독간에 모셨다. 작은 단지의 가벼움과 중옹의 객기를 넉넉하게 품어주는 너그러움이 참 보기 좋다. 투박하니 꾸밈도 없고 꺼슬꺼슬 벗겨진 나이테가 볼품없이 남루하지만, 세월의 더께가 앉은 탓일까 그윽하게 아우라가 느껴진다.

어느 개구쟁이의 돌팔매를 맞았음직한 구멍과 실금은 땜질하였다. 연륜으로 지은 고졸한 품격이 달리 보일 리는 없지만, 거두어들인 나의 도리라 여겼다. 볼 때마다 정이 가고 날 선 긴장이 더없이 순해진다. 때때로 그를 빚은 장인을 떠올리고 그의 삶까지도 유추해 보곤 한다. 또한, 지금은 없어져 버린 어머니의 장독간으로까지 마음이 갔다.

내가 어렸을 적 황순원 님의 〈독 짓는 늙은이〉를 읽을 때도 어머니의 독에서 씨장의 연륜이 깊어가고 있었다. 그때는 송 노인의 슬픔만 보였는데 송 노인의 비애는 상실이다. 조수와 바람난 젊은 아내가 도망 가버린 뒤 송 노인은 분노를 삭이지 못하고 절망한다. 자식을 지키고자 하는 송 노인은 절박함으로 그의 삶이었던 독을 짓고자 가마에 불질하지만, 끝내 쓰러지고 아들을 뉘 집 양자로 떠나보낸다. 독 짓는 일도 상실의 슬픔과 함께 막을 내린다. 가마 안에서 무릎을 꿇고 독의 본질이었던, 그의 처음이었던 흙으로 돌아가는 귀결의 장면은 슬프고도 아름답다.

삶은 비극이든 희극이든 상실의 과정이다. 마당 한편 대옹의 가슴에서 왜 꺼억꺼억 송 노인의 울음소리가 들려올까. 내려놓지 못한 덩어리 하나 시간을 거스르고 내 안에서 꾸역꾸역 울어내는 소리이다.

노옹이 점점 좋아진다. 모진 세월을 짊어지고 지금껏 내게로 오는 길이었다니 애틋하고 눈물겹다. 내가 알지 못하는 이야기를 잔뜩 품고 언제라도 들려줄 것 같고, 달이 짙은 밤이면 웅얼웅얼 이야기 소리 마당을 돌아다닐 것 같다. 대웅의 운기로 내가 익어가고 항아리의 장맛도 깊어가고 작은 단지도 이력을 짓는다.

부쩍 옹기장이 마당에 쌓아놓은 독이 선명하게 보인다. 끝내 아버지의 흔적을 찾아 돌아왔음 직한 아들 당손이가 다시 가마에 불질하고, 송 노인의 정신을 이어가는 것은 아닐까 하고 짐작한다.

사실 문맹의 눈으로 지은 독은 볼품이 없다. 무엇으로 비겨도 문명을 따를 수가 없는데 맹물 같은 애송이에 비할 바가 못 되는 한 가지가 있다. 연륜이다. 백여 년을 살아온 어머니의 풍화된 삶과 꺼져가는 숨과 사그라지는 모습이 오롯이 보인다. 그런 어느 송 노인이 해박한 눈빛과 느긋한 포용과 한 걸음 떼는 데 무게를 더없이 두는 지혜로 빚어 놓은 것 같아서 힌없이 정겹다.

문맹의 투박함이 어찌 좋으랴, 다만 사람을 보는 것이다. 그 사람이 사람의 심금을 울리기 때문이다.

노인의 지혜가 나라의 근간이 되고 삶의 주축이 되었던 때가 있었다. 지금은 구시대적 산물이라 버려진 독과 다를 바 없어 고려장을 당한다. 상실의 무덤이 되어버린 21세기판 고려장은 그때를 이어 슬픈 역사의 단면이 될 것이다. 우리는 모두 가해자이며 피해자인 사실이 우리를 슬프게 한다.

기계의 정보에 민감한 세대가 늙어 갈 즈음 무엇으로 그것을 대신할까.

ㅇㅇㅇ님 귀하

    며칠을 벼르다 결국 걸레를 집어 들었다. 청소기만 휘리릭 돌려 놓고 이것 또한 청소려니 하고 게으름을 피웠다. 이번에도 청소기로 끝내려는데 찌들찌들 묻어있는 땟자국이 눈에 거슬린다. 강한 흡입력으로 거실과 방을 돌아 먼지를 거두고 나오지만, 사각지대에 도사리고 있는 부정 축재와 인이 박인 땟자국을 미처 캐내지 못하는 것이 기계가 가진 모순이다. 안주인의 탐탁지 않은 습성을 이용해 강하게 뿌리내린 저 음흉한 것들을 걸레는 뿌리까지 뽑아낼 것이다.
    박문수의 마패처럼 걸레를 쓱 내밀었더니 구석구석 부정한 것들이 드러나 주위를 환기한다. 집 안이 씻은 듯 부신 듯 청정지역이 되었다. 기분이 상쾌하다. 촛불집회가 절정에 달했을 때, 탐관오리들이 와르르 무너져 내릴 때 국민들이 맛보았던 통쾌, 명쾌, 상쾌와 상통하지 않을까.

걸레를 깨끗하게 빨아 널며 가끔은 걸레님이라 대접하고 싶은 기분이 든다. 이참에 부정 축재한 내 속까지 대청소하면 금상첨화겠지만, 사람의 때는 질기기가 쇠심줄 같아 몇 번의 걸레질로는 어림이 없을 것이다. 불쑥불쑥 내 흠이 드러날 때면 쥐구멍에라도 숨고 싶다.

청소를 하다 보면 어떤 날은 처음 의도와는 달리 범위가 넓어져 대청소가 되어버린다. 손이 드나들다 엉켜버린 서랍과 장롱 속, 기계가 닿지 않는 구석의 몇 날 묵은 먼지, 보이시 않는 곳에 도사리고 있는 부정한 것을 단죄하기 위해 가구까지 들어내면 이사 온 첫날처럼 뒤숭숭하기 짝이 없다. 가구 위치를 바꾸어 산뜻한 분위기를 만들고 말끔히 청소를 끝낸 뒤에 느긋하게 집안을 둘러보면 대대적 조치로 안정을 되찾은 정국의 평화로움처럼 만족감을 느낀다. 그 기분으로 소박하나 정겨운 밥상을 차려놓고 가족을 기다린다. 비로소 활개를 치며 만세 부른 촛불광장의 민초들처럼 들어서는 가족의 얼굴이 신선해진다. 나는 무척이나 큰일을 해낸 것처럼 보내올 칭찬을 기대하는데 실은 너무 당연한 일을 생색내는 것이다.

한 며칠은 상태보존을 하고 싶어서 식구들을 닦달한다. 그러다

한 사람이 규칙을 깨어버리면 그것을 빌미로 언제 그랬나 싶게 함께 어지르고 마는 것이 우리 집의 일상이다.

늘 변함없는 안주인의 일인지라 일손이 게을러지고 이제 슬슬 꾀가 나기 시작한다. 식구들은 살림살이에 손을 놓았느냐고 퉁을 주다가도 기본만 하고 살라고 한다. 듣고 보면 내가 하는 일에 무척 너그러워진 것 같지만, 기본을 지키라는 말이 박문수의 마패보다 더 무섭다.

마음을 다잡고 걸레질을 한다. 다시금 걸레는 온갖 때를 흡수하여 황달을 면치 못한다. 방망이 세례를 받고 서로 살을 문지르며 저를 씻어내는 일도 한계가 있어 끝내는 살신성인으로 제 소임을 마치는 것이 걸레의 운명이다.

살신성인이라니, 소식 들어 본 지 오래다. 만주벌판을 누비던 독립투사들의 이야기는 숭고하고, 그 핏자국 독립기념관 태극기에 아직 선명하던데 저를 살리고자 남을 죽이려는 원님들의 추태가 괴이쩍다.

그래, 어찌 365일을 하루같이 투사처럼 살아내랴. 어림잡아 인생 백수라 하여도 그 많은 날을 어찌 좋은 일만 하고 살아가랴. 다만 때를 보아 집 안도 내 안도 때가 끼고 먼지가 자욱하게 앉는다 싶으면 다시 주위를 환기시키며 사는 것이 사람의 일이리라.

이 당, 저 당 이름 참 훌륭하다. 때때로 흔들릴지언정 이름값으로 살신성인하여 애국하길 바라는 것이 민초들의 마음이다.

민초들의 대리자, 촛불 앞세워 구석구석 어두운 곳 들추어 햇빛 들게 하고 눈물 닦는 그 기상이 가상키도 하다. 손이 아프도록 박수를 보내는데 한쪽 귀가 따갑다. 오만사람의 마음이 다 같을 수 없어서 구설에 오르는 날도 많은데 그 구설 쉬이 보지 말아야 하리.
  내가 집안을 발칵 뒤집어놓고 대대적으로 청소를 해도 알 수 없는 한구석에는 먼지가 습을 만나 썩어가고 있을 거다. 탐관오리의 가당찮은 행위와 갑의 폭력에 멍들어가는 민초들 아직은 많으리니, 촛불이 바람에 스러지지 않도록 부디 초심을 잃지 말라 중간보고를 드린다.

파도를 타야 닿을 수 있는 곳

　서슬 퍼런 파도에 비까지 가세한 바다는 위협적이다. 배가 뜰까 하는 불안감이 엄습했다. 사공이 대담하게 밧줄을 풀자 뭍은 '나는 몰라.' 하고 손을 놓아 버린다. 애면글면 살아온 뭍이 점점 멀어진다.
　새처럼 나는 재주가 있으면 몰라도 파도를 타지 않고는 닿을 수 없는 곳이다. 거저 얻어낸 행복이 없듯이 남동풍을 맞받으며 출항한 배는 생의 한바다를 가르는 장정의 뚝심으로 서너 시간 발버둥쳤다. 빗발치는 선상에서 나도 발에 힘을 주고 파고를 따라 숨을 헐떡였다. 가려는 그곳이 무릉도원인지도 몰라.

홍도는 비에 흠뻑 젖어 있었다. 시퍼런 파도를 다스리며 수긋한 모습으로 우릴 반기는데 저만치 매여 있는 배는 뭍사람의 냄새에 움찔거린다. 기암괴석이 심해에 뿌리를 내리고 사철 푸르기만 할 것 같은 성성한 나무들이 섬을 지키고 있다. 그리고 섬은 흔들리지 않으리라는 단호함으로 우뚝 서 있다.

한바다 가운데 손바닥만 하게 박혀있는 작은 섬에서 사람의 생존이 가능할까 하는 것이 의문이다. 생존이야 가능하겠지. 고립된 섬에서 사람답게 살아갈까 하는 뭍사람의 궁금증이다. 사람답게 사는 것의 기준을 묻는다면 나에게서 속된 답이 나오겠지만, 그 기준에 못 미치는 삶이려니 했다. 눈여겨보았지만, 크게 다를 것이 없었다. 사립문 화분에 소담히 피어있는 꽃이나, 예쁜 돌멩이 모둠으로 놓아둔 것이나, 안방에서 문명의 소리 흘러나오는 걸 보니 그들도 삼시 세끼 밥 먹고 사는 사람들이다. 다만 한바다를 경작하며 사는 이들이라 가슴만큼은 한정 없이 넓으리라 생각했다.

여장을 풀고 바다로 나섰다. 섬 가장자리를 돌면 구경할 것이 많다고 가이드는 미리 호기심을 불러낸다. 배는 둥둥 떠 있는 섬 언저리에서 크막한 나비처럼 너울거렸다. 파도를 타느라 멀미를 하는 아낙은 절경을 놓쳐 버리고 멍한 눈으로 바다를 주시한다. 다시 올 기회는 많으니 그때는 너울성 파도에 대처하는 법도 익혀야 하리라. 몇 미터까지 오르는지 모를 파고보다 더 높이 올랐다가 한없이 물속으로 꺼지는 듯한 반복적 위협에 아낙네들이 비명을 질렀다.

초로의 가이드가 같잖다는 듯 파도와 물결을 아느냐고 물었다. "파도는 파도고 물결은 물결이지." 누군가 장난처럼 중얼거린다. '파도는 운명의 장난이다. 물결은 마도로스의 운명을 끼고 드나들던 아름다운 어느 날이다.' 그리 간단히 말할 수 있는 것은 아니되 파도를 타야 닿을 수 있는 운명의 섬을 생각해 본다. 사는 동안 우리도 포효하는 맹수처럼 덮쳐오는 파도를 만날 때 가 있다. 그 운명의 시간을 타넘다가 기진해 쓰러지기도 한다. 미처 일어서기도 전에 연거푸 밀려오는 집채 같은 파도, 방향조차 짐작 할 수 없는 운명의 장난은 죽음처럼 두렵다. 간신히 파도를 넘어 평화가 찾아오면 물결은 윤슬을 품고 다정한 듯 속삭인다. 다정하게 굴다가 어느 순간 맹수처럼 달려드는 운명의 장난을 마도로스 역시 잘 알고 있을 거다. 진정 이 바다의 파도를 모르는 뭍사람에게, 걸핏하면 사는 것이 버거웠노라고 하소연하는 내게 그것 순전히 엄살이라고 한방 단단히 먹이는 것 같다.

빗줄기 쏟아지는 갑판에 나가 사람들이 사진을 찍고 있다. 심란한 우중에도 기어이 자신을 확인하고 싶은 게다. 나도 남편의 손에 이끌려 나갔다. 삼천 원짜리 비옷으로 남동풍을 받아 낼 준비를 하였으니 바람은 가소롭다는 듯 훌렁 벗겨버린다. 남동풍이 불면 기어코 비를 몰고 오는데 어찌 이런 날을 잡았느냐고 가이드가 넉살을 떤다. 하지만 순전히 당신의 선택이라고 일침을 놓는다. 그러니 주어진 삶도 가타부타 말고 살아보라는 말인가. 수십 년 마도로스로 살아온 그는 바다를 떠날 수 없어서 이 배에 올랐다고 했다. 검게 타버린 얼굴과 자글자글한 주름에서 삶의 궤적을 읽어보려 애를 썼지만, 뭍사람이 알 리가 없다. 부디 돌아가면 이놈의 비 때문에 그저 그런 곳이었다고 전하지 말고 아름다운 섬 홍도 이야기를 잘 해달라는 직업성 멘트에 한바탕 웃었다.

기생 홍도와 연관이 있느냐는 뜬금없는 질문에 소동이 일었다. 없을 리야 없지. 섬은 홍도씨처럼 파랑주의보에 밤을 지새운 날들이 많았을 거다. 홍도씨는 고립된 저의 섬에서 외로움과 추위에 얼마나 떨었을까. 두 이름이 파도처럼 물결처럼 어우러진다.

넘어가는 해가 마지막 빛을 사를 때 기암괴석이 다시는 못 볼 장관을 보여준다는데 아쉽게도 해가 빗속으로 넘어가 버렸다. 바다를 향해 거꾸로 자라는 소나무가 있으니 잘 보라고 한다. 모두가 '예스'라고 말할 때 '노'라고 말할 수 있는 단 한 사람이리라. 예스란 말을 노상 뇌까리는 무리 뒤에서 오로지 바다를 향한 마도로스의 열정과 위대한 향일성을 말하고 싶었던 것일까. 애써 그 소나무를 보라는데 시력 탓인지 비 탓인지 보이지 않았다.

깃대봉에는 동백이 드문드문 늦은 꽃송이를 달고 뭍에서 온 손님을 맞았다. 이미 꽃피는 철이 지났는데 뒤늦게 온 손님에 대한 배려일까. 후박나무며 잡밥나무, 사철나무, 원추리가 주류를 이루고 초록은 제 색을 넘어 비범하게 검푸르다. 영원히 푸르고 싶은 섬의 열망을 대신하듯 홍도의 나무는 단풍이 들지 않는다. 단풍이 들고 낙화가 이루어져야 봄이 오는데, 사람도 고비늙으면 좋을 것이 없다는데 사철 푸르고 싶은 것은 욕망이거나 집착이 아닌가. 한겨울 바다에 고립된 채 벌거벗은 나무와 함께 서러운 한기에 시달리는 섬을 생각하다 고개를 끄덕였다.

홍도는 홍갈색 돌이 많아서 붙여진 이름이다. 언젠가 지효가 왜 돌만 보면 행복하냐고 물었을 때 '그냥'이라고 답했는데 붉은 쇠차돌을 끌어안고 앉았으려니 가슴이 쿵쿵 뛴다. 갑자기 허기가 몰려온다. 가슴이 포만감으로 온통 차버리니 상대적으로 느끼는 공복감이다. 별천지 같은 섬에서 바다 냄새 가득한 진수성찬을 받았다. 여기에는 별도 무성하지 않을까. 하늘도 흠뻑 젖었다는 사실을 잊은 채 올려다보니 무수히 많은 별이 숨어서 수군거린다.

온돌방처럼 후끈 달아오른 방에 오한이 나는 몸을 뉘였다. 파도를 넘어온 피로가 와락 쏟아진다. 여기가 무릉도원일까. 긴가, 민가. 비몽사몽 중에 나의 도원을 생각하다가 잠이 들었다.

배를 탄 듯 물 위에 뜬 듯 밤새 흔들렸다.

2
난바다에 배를 띄우며

빨래의 의미

"서답(빨래)은 땟자국 없이 빨아서 항상 정갈하게 간수해야 하는 기라." 모처럼 오신 친정어머니께서 내 빨래하는 모양새를 보고 하시는 말씀이다.

애꿎은 방망이질과 비누의 거품이 어우러져 어머니의 삶 한 자락이 눈물겹게 씻기어 나가던 빨래터를 잊지 못하셨을까. 세탁기를 두고 고집스레 손빨래를 하셨다.

어머니가 빨래를 하실 때는 방망이질과 매운 손끝에서 땟자국 한 점도 놓치지 않는 정성과 애정이 깃들어 있었다. 가슴이 없는 기계보다 우월했다. 어쩌다 오시면 어수선한 내 장롱과 서랍 속에 무심함을 들추어 보셨는데 바쁜 처지를 핑계 대면서도 무안했다. 계시는 동안 빨래거리는 정성스런 손에서 환탈하는 서답이 되었다. 어머니는 빨래의 진정한 환탈換奪을 알고 계셨다.

한 살배기 손자의 옷을 빨았다. 옅은 땟자국과 젖 냄새와 아기 냄새가 달다. 아기의 단내를 기계에 맡기기엔 마음이 허락지 않아 조물조물 비벼 널었다. 어머니의 마음을 비로소 헤아릴 것 같다.

알라딘이 지니를 부르듯 집집마다 지니를 부르는 소리 요란하다. 여기저기서 툭툭, 삐삐 "주인님, 부르셨나요?"

문명의 혜택은 인간의 노동을 절반으로 줄였다. 아니 그 이상이다. 손품에서부터 발품에 이르기까지 버튼 하나로 이루어지는 시대에 살고 있으니 알라딘의 요술램프 하나쯤 가지고 있는 셈이다. 인공지능에 길들여진 나는 그 편리함에 만성이 되었는데 지난번 알파고의 위협에는 은근히 두려움을 느꼈다. 어느 날 영혼까지도 저당 잡힐 것 같은 두려움이다. 알파고에 진 것은 바둑기사 이세돌이라 하였으니 인간의 두뇌는 여지없이 알파고를 위협할 묘수가 나오리라 믿는다.

다시 빨래터를 찾거나 무쇠솥에 밥을 안칠 용기는 없다. 장문의 손편지를 쓸 여유는 더구나 없다. 마음이 여의치 않기 때문이다. 그래도 간간이 그 때를 그리는 이유는 내 안에 녹아있는 무엇으로 잊혀져 가는 정서를 맛보고 싶은 것이리라.

바쁜 하루를 벗어놓은 가장의 옷 냄새가 역하고 강하다. 번잡한

때와 노동의 애로와 술 한 잔에 풀고 온 회포가 뭉글뭉글 배어있다. 짠하고도 애정이 간다. 세탁기에 넣고 묘약 두 숟갈도 함께 넣었다. 하나는 정화작용을 하고 다른 하나는 향기를 품어 격을 높이려 한다. 담백하게 버튼을 눌러놓고 나는 능력자가 된 기분이다.

 혼란 속을 들여다보았다. 깊은 뜻을 모르는 군상들이 아연하다. 묘약은 슬금슬금 스며들고 취한 듯 비틀거리기 시작했다. 어느 시점에 들자 예고도 없이 태풍이 휘몰아쳤다. 한 점 흠도 용납할 수 없는 영약은 깊이 파고들어 하얀 거품을 일으킨다. 숨이 턱에 닿도록 몰아치다 물세례로 뒷수습을 한다. 다시 반복하기를 여러 차례, 사람을 거듭나게 하는 신의 묘수처럼 현란하다.

 진액까지도 짜버렸나. 기절한 듯 쓰러져 누운 빨래를 꺼내는데 품은 향기가 은은하다. 툭툭 털어 구겨진 부문을 반듯하게 펴고 일그러진 표정을 만져서 달랬었다. 눈부신 볕과 청정한 바람에 널었더니 상쾌한 웃음소리가 바람을 탄다. 본래의 저는 있되 거듭난 모습이 영락없는 환탈이다.

 그끄제 방앗간에 갔을 때 기름을 짜내던 모습과 흡사하다. 들깨를 물에 일어서 말렸더니 뽀송뽀송한 것이 알차다. 건네받은 주인은 능숙하게 버튼을 누르고 혼돈 속으로 밀어 넣었다.

 난亂이다. 들여다보던 나도 현기증을 느낀다. 감당하자고 내맡긴 몸이 불덩이가 되었다. 질기게 덮고 있던 허물이 벗겨지자 진액이 흘러나왔다. 참이요, 본질이다. 향기가 진동한다. 하물며 사람이야,

우러나는 향기가 얼마나 진하고 달콤하겠는가. 본질은 쉽게 드러나지 않는다. 갑각류의 등짝보다 단단하고 업장같이 질긴 허물을 몇 겹이나 벗겨내어야 할지 몰라서 진흙탕 속에서 헤매기도 한다.

문제의 사람이 거듭났을 때 우리는 환골탈태했다고 박수를 보냈다. 그 사람 또한 저라고 여겼던 저를 버리는 고뇌와 쓰라린 인내가 있었을 게다. 환골탈태는 번뜩이는 신의 메시지로 사람 안에서 일어나는 천지개벽이다.

햇볕이 좋아 잘 마른 빨래를 걷었다. 빨래가 기계의 힘을 빌려 환탈을 했다면 손으로 개는 일은 확신이다. 빨래를 개고 앉았으려니 문득 생각나는 사람이 있다.

친구의 남편이 혈기왕성한 20대에 해인사에 여러 날을 머문 적이 있었단다. 해인사를 이웃하고 살지만, 특별한 이유가 있었던 모양이다. 하루는 노스님이 그의 방에 들렀다가 이불과 빨래를 갠 모양새를 보고 "고놈, 쓸 만한 놈이로세. 됐다." 하고 가셨단다. 빨래를 개 놓은 모양새를 보고 그 사람의 성격과 됨됨을 알아보셨을까. 그만하면 제 앞가림은 할 수 있는 쓸 만한 놈이라는 스님의 안목인 것이다. 이불도 빨래한 옷도 각을 잡아서 반듯하게 접어놓았다던 그는 빨래의 의미를 알고 있었을까.

빨래의 최종목표는 옷으로 거듭나 수인과 하나가 되는 것이다. 옷의 임자가 앞태 뒤태 돌아본 뒤 만족할 때 환탈의 미는 정점을 찍는다.

빨래는 매일 내 손에서 환탈을 한다. 아침 댓바람부터 지니를 불러내고 부랴부랴 나서는 식구의 입성을 앞태 뒤태 돌아본다. 빨래를 걷어 들이고 전쟁터로 나가는 투사의 옷을 정성으로 다림질을 한다.

나도 매일 거듭난다. 육신은 어제의 내가 아니고 내일의 내가 아닐 테니 거듭남은 분명하다. 나는 거듭나 본 적이 있던가. 환탈이 아니어도 나인 척 내 안에서 행세하는 모순덩어리 하나쯤 버리는 노력은 해보아야 할 것 같다.

내게서도 향기가 나려나.

난바다에 배를 띄우며

 12월은 아쉽고 착잡하나 매듭달이요, 누군가는 기억하고 싶지 않은 해, 마지막 달이다. 그런 모든 이에게 새달은 신신한 얼굴로 희망을 안고 찾아온다. 그래서 12월은 막달의 임부처럼 기쁨과 설렘의 달이기도 하다.
 감사하다. 조금 더 노력할 걸, 좀 더 많이 사랑할 걸, 그때 그 일을 시작했더라면 하고 후회도 남지만, 이만큼의 진보도 감사하다. 쌀독에 쌀이 비는 일이 없었고, 변함없는 일상이었으나 안녕하고, 짬을 내어 글을 쓸 여력이 있었으니 그만하면 족하다. 소박한 밥상 앞에서도 마음이 한가로우니 나이는 허투루 쌓여 가는 것이 아닌가 보다. 그보다는 내가 올린 기도 덕분이 아닐까 하고 곰곰 생각해본다.

하루를 살아내는 일이 조마조마하다. 더러는 신열에 가슴앓이하고 막막한 지경에 빠지는 날도 있다. 한 해를 살아 내는 버거움이야 말해 무엇하리. 전쟁터로 나서는 병사의 간절함으로 하루하루 시작해야 하거늘, 타성에 젖어 자주 기도를 잊어버린다. 그래서 새해 첫날 첫 시간에 가장 큰 의미를 부여하고 나만의 의식을 치른다. 그 첫날의 의식을 바탕에 두고 나의 일 년은 물 흐르듯 흘러갈 것이라고 최면을 걸어둔다.

기도는 인간의 오만이 바벨탑에서 내려와 가장 낮은 자세로 임하는 겸손의 언어이다. 내면에 깔린 원초적 두려움은 완전히 해소될 수 없지만, 저항할 수 없는 절대자 앞에 경외하는 마음으로 의식을 치르면 안심이 된다. 예측할 수 없는 내일이 미더워지고 운기를 더해 행복해지리라는 믿음 아래 우리는 저마다의 기도로 오늘을 나고 있다. 혹, 새해 첫날 밀려드는 만인의 기도로 하느님은 도리질하시지는 않을는지.

해신제는 난바다로 떠나는 어부의 안녕과 풍어와 무사 귀환을 바라는 제 의식이다. 첫날 바치는 내 기도처럼 한해살이를 위한 의식이다. 삶의 무게를 지고 언제나 바다로 향하는 어부의 그 대단한 향일성에 존경심을 금치 못하는데 해신제로 두려움을 내려놓고 출항하는 것이다.

어부의 바다는 미지의 세계, 늘 두려운 존재이다. 바다가 성을 내고 태풍이 몰아치는 날이 얼마나 많았을까. 도중하차할 수 없는 극한의 공간에서 죽음과 같은 고통을 맛보기도 했을 거다. 그 순간에도 어부는 오로지 믿음 하나로 귀항의 꿈을 버리지 않았으리라. 두려움을 용기로 바꾸고 희망을 얻어 떠난 어부의 간절한 기도처럼 나 또한 해신제로 생의 한바다에 배를 띄우며 안전한 귀향을 꿈꾼다.

마음을 가다듬고 편지를 쓴다. '주여, 새해에는 부디 이렇게 해주소서.'라는 나의 간곡한 기도를 편지지에 담아 첫날 첫 시간에 땅에 묻는다. 절절한 소망이 있는 해는 '더도 말고 그 바람만 이루어 주십시오.'라고 일방적 요구를 한다. 우체통에 넣어도, 땅에 묻어도, 성상 앞에 바쳐도 아니 가슴만 절절하여도 그분은 모르실 리 없다. 이 의식을 즐기는 이유는 내 기도가 만물의 모태인 땅의 기운을 받아 화살처럼 하늘로 오르리라는 믿음 때문이다. 그런 편지는 중앙공원 소나무 밑, 무심천 자락과 양성산 허리, 부모산에도 군데군데 묻혀있다. 간절한 기도에 무심하실 때는 원망이 들기도 하였지만, 이제는 어떤 답장을 받더라도 순응하며 살아가려 한다.

첫 편지는 빈 쌀독이 차고 넘치게 해달라는 절박한 기도였다. 개화를 서두르는 해바라기가 온 날을 해 바라기만 하였듯이 나도 그 순간에는 향일 식물이 되었다. 뿌리는 땅속으로, 줄기는 오로지 태양을 향해 끈질긴 굴성으로 뻗어 나갔으니 해바라기 꽃은 그토록 눈부시지 않았던가.

  출항 전 해신제는 기도다운 기도이다. 그 기도의 힘으로 어부는 대양을 누비다 안전한 항로를 따라 만선으로 돌아오고 있을 거다. 다시 오리라는 희망을 남겨두고 대해의 푸른 물결을 뒤로하고 의기양양하게 돌아오고 있으리라.

  구름도 한가로운 12월이다. 생의 한바다에서 또 한 해를 살아 낸 사람들이 귀항하는 달, 나도 무사 귀환을 감사드리며 새해 첫날의 의식을 준비하고 출항을 서둘러야겠다.

  이번 편지에도 지난해와 같이 이렇게 써서 부쳐야겠다.

  "더도 말고 지난해처럼 물 흐르듯 그렇게 흘러가게 해 주소서."라고.

합일의 경지

    튀는 놈, 나는 놈, 덜떨어진 놈에, 고독의 상징인 양 동떨어져 섬이 된 놈도 많다. 지는 햇살에 투영되는 심상을 바라보노라니 언뜻언뜻 내가 보이고 사람들이 오고 간다.
    돌무더기이다. 두고 보아도 좋았는데 생각해 둔 것이 돌탑이다. 아무나 쌓는 줄 아느냐고 옆에서 허를 찌른다. 몇 날을 두고 돌을 더 모아들였는데 눈에 띄는 돌마다 욕심이 난다. 고사하고, 돌만 눈에 들어온다. 지천인 돌을 주워내고 과수와 화초를 심을 양이었는데 목적을 두니 집착에 가깝다. 집착이 도리를 넘어서면 창궐하는 전염병처럼 사람 여럿 잡고 자멸에 이른다는 이치를 사소한 욕심이 나를 일깨운다.

　돌탑은 기초가 튼튼해야 한다. 돌탑뿐이겠는가. 기초공사가 부실하면 완성을 이루기가 어렵고 완성을 해도 필경 얼마 못 가 무너지고 말 것이다. 돌탑이 무너지는 일이야 잠시 내 마음만 무너지겠지만, 인간사는 달라서 부실공사의 대가로 엄청난 희생을 치르기도 한다.

　큰 돌부터 놓았다. 제멋에 겨워 타협을 모른다. 괴리감을 느끼는 것일까. 안을 채우는 돌도 틈이 벌어진다. 윗돌이 고만고만하면 아래서 트집을 잡고 아랫돌이 원만하면 위에서 까탈을 부린다. 굄돌로 균형을 잡고 틈새는 작은 돌로 메웠다.

　돌탑의 궁극 목표는 합일이다. 바닥에 뒹굴 때 다져진 돌과 돌밭 같은 인생을 걸어온 내가 하나가 되는 일이다. 오랜 수행 끝에 도달한 무아의 경지와 같다. 그러니 나는 탑을 쌓는 것이 아니라 저 난해한 개성과 교만과 고독의 아성을 끌어안고 화합을 시도하는 일이다. 나를 내려놓아야 할 수 있는 일이다. 돌 하나 올리며 마음을 다잡았다. 어느 순간 마음은 간데없고 잡념이 돌을 올린다. 안성맞춤할 굄돌을 찾아 손이 바쁜데 비지땀이 흐르고 목이 마른다.

　굄돌은 아무 돌이나 되는 것은 아니다. 내가 마음 없이 놓아도 아니 된다. 아집을 다스리는 덕이 있어야 하고 보듬어 안는 너그러움이 있어야 한다. 굄돌은 대의를 위한 소아의 갸륵한 희생이다. 가붓하지만 속은 깊어 저를 드러내지 않는다. 저를 낮추고 있지만, 열등이 아닌 겸손이다.

나는 돌탑을 볼 때 야상에 붙들린 큰 돌의 불안한 조화만 보았지 굄돌을 눈여겨본 적이 없다. 돌탑을 다시 만날 때는 가슴 뭉클하게 하는 굄돌, 그 겸허함부터 보아야겠다.

탑이 올라갈수록 내 오기가 무색하다. 쌓았다 허물고 또 쌓기를 몇 차례나 했다. 번뇌와 망상으로 우글거리는 나를 이끌고 합일로 가는 중량감에 휘청거린다. 하나가 되는 일은 참으로 어렵다.

그들의 돌탑은 기술일까, 굄돌의 희생일까, 무심의 결과일까. 그 모두가 '나'에게서 나오는 것일 테니 손을 털고 일어섰다. 굄돌을 닮거든 다시 와야겠다.

사나흘 지나서 마음을 다잡고 갔더니 간신히 올라가던 탑이 무너져버렸다. 마음이 무너진다. 애먼 산짐승과 바람 탓을 했지만 오기와 아집으로 쌓은 탑이 오죽했을꼬. 널브러진 군상들을 버려두고 돌아섰다.

역사의 흔적이 드러나는 석성은 대개 반듯한 돌로 정교하게 쌓았다. 애민하는 군왕의 서슬과 석수장이의 예리한 정과 백성들의 호국 갈망이 있었다. 돌탑도 이유가 있다. 허하거나 넘치는 기운을 조화롭게 하고 액막이를 위한 방책으로 돌탑을 세웠다. 염원을 두고 쌓는 탑은 신앙이다. 나는 무슨 이유로 돌탑을 쌓으려는 것인가.

다시 돌을 잡았다. 해뜨기 전이라 바람이 시원하고 까치가 기분 좋게 짖는다. 한쪽에선 예초기가 으르릉거리다 뚝 끊어지기를 반복하더니 아예 멈춰버렸다. 공해도 사라졌다. 차분하게 돌의 객기를 다스리고 불협화음을 조율하니 탑이 올라간다. 파도에 담금질을 당한 적도 없고 비바람을 탄 일이 없이 고이 흙 속에 묻혔던 돌은 아집이 유난하다. 사방으로 돌려가며 타협을 해도 저를 고집한다. 오롯이 저는 그대로 있되 구순한 작은 것이 무게를 받쳐 든다.

얼마나 견뎌낼까. 바람 불고 비 오면 허물어질까 걱정이다. 실은 형체 없는 내가 무너질 때마다 다시 일어서기를 수천 번, 그리 살았으니 무너진다 해도 크게 걱정할 일은 아니다. 우리는 수없이 허물고 다시 쌓아 올리며 살아가지 않는가.

산등성이에 햇귀가 비친다. 막 세수한 얼굴로 둥실둥실 오른다. 벙긋벙긋 웃는다. '그가 나를 아는 건가, 내가 그를 아는 건가.' 하늘 아비 등에 업고 땅 어미 등에 업혀 중천으로 나선다. 중천에 오르면 비로소 세상과의 합일에 이를 것이다.

탑이 완성되었다. 제쳐 두었던 둥근 돌은 머릿돌로 삼았다. 사람은 원만하면 감싸 안는 너그러움이 큰데, 괴이쩍게도 돌탑을 쌓는 데 둥근 돌은 접근하는 모든 것을 배척한다. 너그러움은커녕 오롯이 저만 드러나고 싶어 하는데 본데없는 교만이다. 저만 둥글다고 세상이 굴러가는 것은 아니다. 탑의 궁극 목표가 합일일진대 둥글다고 배제한다면 의미가 없다. 머릿돌로 앉혀놓고 만인의 본보기가 되어준다면 그럴싸하지 않겠는가.

마지막 의식으로 묵직한 염원 하나 올렸다. 곁 지기가 저만치서

엄지를 불쑥 내민다. 탑이 앉은 모습이 범종을 닮았단다. 나도 엄지를 쌍으로 올렸다. 큰 당목으로 칠 범종을 닮았다는 것이 아니다. 사바를 아우르는 종소리를 감히 흉내 낼 수 있겠는가. 그렇더라도 기껍다.
　돌탑은 돌과 돌의 합일이다. 나와 돌의 합일이다. 나와 나의 합일이다. 문득 내 안에서도 합일의 종소리가 중력에 겨워 길게 울어 댄다.

꽃이 피듯

　쌍둥이 손녀가 진통 끝에 한글을 깨쳤다. 삶의 길잡이가 되어 줄 끈 하나를 만들었다. 어느새 놀이가 되고 손이 닿는 곳마다 글자를 그려댄다. 낙서 현장을 지우다가 포기하였는데 아이의 머릿속에 박혀버린 글자의 개념처럼 지워지지 않는 것도 있다.
　주로 제 이름과 "엄마, 아빠 사랑하요. 할머니 오레 오레 사새요." 그런 문장들이다. 원칙을 따지기 좋아하는 어른의 눈에는 거슬릴지언정 제 딴에는 무진 애를 쓴 결과이다. 괴발개발 그려놓고 흐뭇해서 식구들을 불러 자랑한다. '나 이렇게 잘 자라고 있어요.' 라는 고백 같아서 대견스럽다.

소통의 도구는 다양하지만, 아름다운 문자를 더하면 금상첨화다. 때로는 말보다 더욱 가슴깊이 파고드는 것이 문자이니 두 녀석은 그림 같은 문자로 소통의 구역에 들어선 것이다. 구불구불 기어가는 녀석들의 그림문자를 보고 온 식구들이 함박꽃같이 웃었다.

서로 견제하고 화합하면서 사회를 배운다. 한 녀석은 당차고 한 녀석은 부드럽고 정이 많다. 당찬 녀석은 제 일을 해내는 모습이 다부지고 정이 많은 녀석은 두루 관계에 원만하고 누구에게나 정답게 군다. 사회구성에 꼭 필요한 좋은 요소를 나누어 가졌으니 상호보완하면서 살라는 반쪽의 운명처럼 느껴진다. 필경 사회에 나가면 제 몫을 거뜬히 해낼 것이다. 문득 싸움만 하다가 끝나는 정치판 사람들은 상호보완의 의미를 모를까 하는 엉뚱한 생각을 해보았다.

수없이 넘어지고 일어서기를 반복하다 아장아장 걸음마를 떼던 날 박수 소리에 활개를 치며 좋아했다. 어린이집에서 한 달을 두고 울더니 어느 참부터는 즐거워했다. 어느 날은 난데없이 계란을 품고 앉아 병아리를 낳겠다더니 날계란 범벅이 된 옷을 들고 나왔다. 다른 사람과 소통하는 법을 배우고 친구를 집으로 달고 오기도 하고 책을 읽기 시작하며 내 글에도 관심을 보인다. 제가 쓴 동시를 읽어주며 나와 문학적 소통을 시도한다. 아이들과 함께 있으면 내가 세상사는 법을 가르치는 것 같지만, 여덟살짜리 스승에게 배울 때가 있다. 큰녀석에게 말 실수를 했다. 생각을 한참 하는가 싶더니 이제부터 우리 가족이 나쁜 말을 하면 벌점을 주는 규칙을 정하면 좋겠다고 한다. 정중하게 사과하고 벌겋게 단 얼굴로 삼사일언을 곱씹었다. 그렇게 한 걸음씩 제 길을 나아가고 있다.

인화가 피는 과정을 행복한 마음으로 지켜 보고 있다. 어느 과정에서는 숨이 차고 된 바람이 불지 않을까 걱정도 되지만, 그렇게 핀 꽃이라야 향기가 깊고 더 아름답다 하지 않았는가.

겨우내 실내에 끼고 있던 선인장을 봄볕이 좋아 내놓았더니 화상을 입고 말았다. 봄 햇살이 독이 될 줄 미처 몰랐다. 몇 년이 가도 그 흉터가 남아있어 볼 때마다 짠한데 단단히 인생 공부를 했다.

저 출산으로 아이가 귀하다. 세상에 없는 귀한 자식이다. 부모는 인생 지도를 꿰고 있으니 생각대로 이끌고 싶은 마음 간절할 것이다. 그렇다고 완벽한 인생을 사는 것은 아니다. 품엣 자식으로 끼고 자신의 셈법으로 인생을 가르치다가 덜컥 사회에 나서면 어른 모습을 한 아이가 되고 마는 경우가 허다하다. 무분별한 사랑은 자식을 사회에서 겉돌게 하는 독소가 될 수도 있다는 사실을 늘 염두에 두어야 하리라.

3월, 두 녀석이 입학했다. 첫울음을 울 때부터 돌보기를 7년째 할마의 가슴이 얼마나 벅차고 감동적인지 그 녀석들은 모를 거다. 이틀 새 애먼 살을 먹어 유예신청을 할까 하고 식구들이 갈등에 빠졌었다. 보수파인 양가 어른들은 단점을, 진보파인 아비 어미는 장점을 내세웠다. 불안한 정국을 놓고 첨예한 대립을 하던 당파싸움은 아니었지만, 어미는 입학 직전까지 갈등에 빠졌다. 결국, 진보의 장점을 따르고 보수파가 걱정하는 점은 노력하기로 타협을 보았다. 믿는 대로 될 것이다.

 꽃이 피듯 그렇게 살아가기를 바란다. 모체에서 여물어진 꽃씨가 땅에 떨어지는 일은 다음은 기약하는 설레임이지만 막연한 두려움이다. 새들의 부리를 조심해야 하고 지기를 받으며 적당히 물기를 조절하고 조곤조곤 숙성되어야 한다. 여타조건이 충족되면 땅을 헤집고 나오기 위해서 무엇보다 100%의 의지를 내어야 한다. 굳은 의지는 넘어진다 해도 다시 일어설 힘이 되기 때문이다. 애써 싹을 틔워도 태풍의 계절엔 세찬 비바람이 일고 걸림돌은 곳곳에 놓여 시험에 들게 할 것이다.

 '사는 일이 어디 그리 쉬우랴.' 절치부심으로 핀 꽃을 바라보면서 아이가 그렇게 제 꽃을 피워 나가길 간절히 소망한다.

천 개의 바람이 되어

　봄의 산물인가, 희망이 꽃봉오리 터지듯 소리 요란하다. 촛불광장에 그 희망이 웅성거리더니 암울한 장막을 걷어내었다. 덩달아 수장되었던 괴물이 허연 이빨을 드러내고 거구의 몸으로 끌려 나왔다. 일만 톤의 업을 짊어지고 고개를 처박은 채 죄인의 모습이다. 저도 애간장이 녹았는지 꾸역꾸역 동강 난 내장들을 쏟아놓는다. 어미 아비가 슬픈 희망에 오열하고 바다는 아이들을 부여안고 부르짖는다. 그해 사월은 어찌 그리도 혹독하고 잔인했을까. 봄은 잿빛으로 움츠리고 하늘이 온통 노랬다.
　저 괴물은 아이들의 눈물로 들어 올렸음이 분명하다. 아홉 명의 이름을 부르는 애절한 팽목항이, 더는 슬퍼할 기운조차 없어 먼저 돌아온 아이들이 눈물 한 줌씩 모은 것이다. 묵묵부답인 세월호는 정녕 말을 잃은 걸까. 고백해야 할 비밀을 단단히 감추고는 말이 없다. 다그쳐야 하리.

수장된 괴물을 만천하에 드러내어 부관참시할 작정인데 산 죄인은 말이 없고 죽은 그가 입을 연다. 저는 죄가 없으니 죄를 묻지 말라 한다. '그대의 죄가 아니면 누구의 죄인가?' 인간의 손에서 괴물이 된 죄밖에 없으니 우리 모두를 판관 앞에 서라고 서슬 퍼런 호통이다.

우리는 진정 무슨 대답을 하여야 할까. 벌겋게 녹슬어버린 차가운 가슴과 혈관도 없는 괴물, 그대가 우리의 자화상이라고, 무너질 것을 예감하면서 설마로 다리를 세우고, 사상누각을 꿋꿋이 지어내던 그들이 사람이었다고, 생각해 보니 공생의 원리도 모르면서 아는 척, 오직 하나밖에 볼 수 없는 외눈박이였다고, 우리는 철저한 방관자였다고 어떻게 고백을 할까.

아이들은 우리의 녹슨 심장을 부둥켜안고 기어코 하늘로 올랐다. 판관 앞에 속죄양이 되었다. 더는 부패해가는 어른들의 세상을 볼 수가 없어서 스스로 제물이 되었는지도 모른다. 그러니 그대도 우리도 죄 없다고 우길 일이 아니다. 그 자리에 앉아 무심하였던 죄, 목숨을 담보로 욕망을 채운 죄, 세월호인 죄, 사람인 죄, 아이들을 제물로 바친 죄…. 우리는 모두 죄인이다.

바람 소리를 들었다. 우우- 처음엔 흐느낌인 줄 알았다. 하늬바람일까, 샛바람일까, 마파람일까, 다시 한 번 귀 기울여보니 아이들이 들려준 천상의 합창이다. 이제 막 태어나 이름도 달지 못한 채 불어 예는 천 개의 바람이다. 피지도 못한 꽃망울이 바람으로 돌아와 남은 이들에게 들려주는 속삭임이다.

> 나의 사진 앞에서 울지 마요.
> 나는 그곳에 없어요.
> ....
> 나는 천 개 의 바람 천 개의 바람이 되었죠.
> 저 넓은 하늘을 자유롭게 날고 있죠.
> 가을엔 곡식들을 비추는 따사로운 빛이 될게요.
> 겨울엔 다이아몬드처럼 반짝이는 눈이 될게요.
> 아침엔 종달새 되어 잠든 당신을 깨워 줄게요.
> 밤에는 어둠 속에 별이 되어 당신을 지켜 줄게요.
> (추모곡 '천 개의 바람이 되어' 일부)

바람이 자그락거린다. 아이들이 돌아오는 소리일까. "부디, 우리를 잊지 말아요. 부디 …." 아이들의 목소리가 빗줄기에 스러진다. 언젠가는 무심하게 흩어져 버릴 지금 우리의 눈물처럼.

'바람을 만나면 그대들인 줄, 별이 떠오르면 그대들인 줄, 찬란한 햇빛이 쏟아지면 그대들이 보내오는 새하얀 웃음인 줄 꼭 기억하리

이다.'
 남은 이의 눈물과 떠난 이의 염원을 끌어안은 팽목항에 비가 내린다. 비는 눈물이 되어 우리 안에 가시처럼 박힌다. 심장이 밖에 달린 외눈박이, 녹슬어버린 심장이 다시 뛰기 시작했다. 노란 리본을 달고 바람을 끌어안고 섰다. 슬픔은 품고 있으면 슬픔으로 남지만, 슬픔이 승화하면 천 개의 바람이 된다.

반항의 이물

　벌건 속을 들여다보니 섬뜩하다. 내 안에 있는 것인 줄은 알지만, 온전히 와 닿지 않는다. 인체 해부도를 보아도 낯선 단어들이 수두룩하다. 그렇지만 가만히 눈을 감고 내 몸을 느껴보면 그들의 쉼 없는 노동이 느껴진다. 사랑이라는 오묘한 물질을 뽑아 올리고, 비탄과 희망을 생산하고, 벌겋게 달아오르는 희열로 우주를 형성하는 저 작은 행성들의 질서가 실로 오묘하다.
　의사는 아주 쉽게 그의 속을 들추어냈다. 실체 하나를 확인하는 순간 경이감이 들 줄 알았는데 살아온 곡절만 읽힌다. 생 앓이를 한 자국이 역력하고 노화로 굴곡진 봉그레한 산 등에 혹 하나가 불거졌다. 견디다 못해 이제야 용을 쓰고 튀어나온 반항의 이물이 벌겋게 열을 내고 있다.

　우리 부부는 나란히 혹을 제거했다. 생애 아팠던 날들이 남겨놓은 흔적일까. 남편은 위장에서 두 점, 나는 대장에서 한 점 떼어 냈다. 의외인 것은 늘 위가 문제인 나와 대장이 문제였던 남편이 뒤바뀌었다. 그가 그토록 싫어하던 하얀 시트에 누워 사흘을 났다.

　10여 년 전 그는 대수술을 받았다. 죽음에서 깨어난 듯 몽롱한 채 병실로 돌아왔는데 입술이 하얗게 타버렸다. 만지면 으스러질 것 같은 입술 사이로 흘러나오던 굵은 신음과 하얀 시트의 붉은 얼룩을 잊을 수가 없다. 이번에는 환하게 웃으며 반겼다.

　그가 배를 어루만진다. '고맙다! 사랑한다. 그리고 미안하다.' 는 말까지 전한다, 음주와 끽연으로 청춘을 불사르던 그의 도발이 지금까지 이어지고 있으니 위가 말짱하다면 형평성에 어긋나는 일이다. 하지만 오염된 환경과 삶은 또 그를 얼마나 공격했을까. 위장의 반항을 달래며 반성하는 기미가 역력하다.

　나는 오염된 피가 군데군데 찌꺼기를 남겨 혈관 벽에 붙어 있다. 대장은 굵은 핏줄이 도드라지고 콩알 같은 혹이 튀어나왔다. 올봄 미세먼지로 기관지가 비명에 가까운 기침을 낸다. 평생 애물처럼 나를 괴롭히는 위는 지쳐서 늘 헐어 있다. 한계에 이르면 처치 못할 반항의 이물이 솟지나 않을까, 걱정스럽다.

　대충 짐작일 뿐 존재를 느끼지 못하는 장기들이 늘 노동에 시달린다. 2분만 숨을 멈추어도 심장이 멎을 것 같다. 혈관의 길이는 지구 세 바퀴를 돌아오는 거리와 같다. 5L의 피가 1분 동안에 무려 지구 세 바퀴를 돌아온다니 짐작이 가는가. 한 바가지나 되는 머리에 들어찬 신비한 물질들이 나를 움직인다. 만질 수도 볼 수도 없는 내 안의 무엇이 맹풍열우를 일으키면 내가 무너질 수도 있다는 것까지, 저 경이롭고 벅찬 속을 알고 보면 사람이 소우주라는 사실에 깊이 수긍한다. 이들이 백수처럼 일손을 놓았다가는 순식간에 작은 우주 하나가 사라지는 것이다. 면역물질을 과잉 생산하고 피가 숨 가쁘게 돌아도 역부족, 현대인들은 흔들리는 질서 속에서 하나같이 병명을 달고 살아간다. 사람뿐이랴.

살아 있는 모든 것은 매일 조금씩 죽어 간다. 죽어 있는 것도 시나브로 죽어간다. 이 엄연한 자연의 법 앞에 만물은 공존한다. 순리를 거스른 인간의 행위로 죽을 때와 살 때를 놓쳐버린 땅 위의 생명들, 21세기의 참상이라 말해도 모자라지 않겠다. 만물이 인간을 위해 존재한다는 착각, 그것 버려야 하리라. 자연이 곧 반항의 이물이 되어 우리의 숨통을 조여 올 테니.

검사 결과지를 보니 모든 기능이 정상에서 이탈했다. 내가 살아온 흔적을 비정상 도표로 그려 놓은 것 같아 서글프다. 지나다 본 한길의 시든 플라타너스, 그것의 기능인들 성할까. 산다는 것은 독을 조금씩 받아들이는 일이라지만, 상쇄시킬 충분한 무엇이 있었다. 그것을 오래전에 놓쳐 버려서 나무는 거리에서 시들고 병원은 갈수록 북적이고 있는지 모른다.

　암적 존재는 보이지 않으니 일 년 후에 다시 보자는 의사의 말에 안도의 숨을 내쉬었다. 저녁 밥상머리에서 지금을 감사하며 건배했다. 잔이 부딪치는 소리가 아직 '맑음'이다.

　"여보, 아프지 말아요. 그래, 당신도 절대로 아프면 안 돼!"

　그의 자리가 더욱 크게 와 닿는다.

　창밖, 노을이 걸린 푸른 소나무도 발갛게 상기되어 있다.

　아직은 그도 맑음인 게다.

봄비는 얄궂다

 언 땅을 난타하던 빗방울 연주는 생을 위한 서곡이었나. 울림도 아름지더니 오늘에야 봄볕 흐드러지다. 형형색색 사랑 놀음이 사방에 지천이다.
 도화 만발한 봄 때깔은 흥건히 마음을 달구어 페로몬을 뿜어낸다. 그 냄새 낭자하다. 벌의 유혹인가, 꽃은 페로몬에 취해 얼굴 붉히고 나비도 덩달아 마음이 달아오른다. 종다리는 이미 가뭇한 알이라도 낳았으려나. 얄궂은 내 마음은 어인 까닭일까. 이순을 곡해한 가슴의 도발인가. 알다가도 모를 일이다.
 봄비는 시샘인가, 사랑인가. 꽃대를 잡고 흔들다가 앵돌아진 얼굴로 눈을 흘긴다. 또 어느 때는 꽃잎을 향해 얼굴 붉히며 야릇한 눈빛으로 구애를 한다. 어설픈 객기는 삼각관계일지언정 그중에서도 독보적이 되고 싶다. 턱에 거뭇거뭇 거웃 나고 몽정을 치른 사내 녀석처럼 얄궂다. 봄비는 사랑인가?

때로는 아주 어려지고픈 초록색 크레파스다. 온갖 풀에다 초록으로 환칠해 놓고 갓 돋은 잎새에 장난을 친다. 짓궂은 녀석의 간지럼에 떡잎은 도리질하며 깔깔대고 웃는다. 그럴 때 봄비는 아주 귀여운 사내아이 어린이집 참새 반 지한이 같다. 지한이는 네 살, 귀엽기 짝이 없다. 예쁜 여자 친구에게 다가가 기습뽀뽀를 한다. 배실배실 웃어주는 예쁜이도 있지만, 쪼르르 달려와 이르는 귀염둥이도 있다. 옴포동이 지한이 웃음보가 터지면 아이들도 데굴데굴 덩달아 굿중놀이에 빠진다. 맑고 고운 소리가 변죽을 울린다.

봄비를 그려보라면 시커먼 크레파스로 옆구리가 울퉁불퉁한 동그라미를 수없이 그려놓는다. 노랑이나 초록, 빨강으로도 그려놓는데 그중에는 활짝 웃는 동그라미가 있다. 봄비의 속성을 아는 걸까. 봄비는 행복이다.

봄비가 오는 날은 아이들이 창가에 모여든다.

"얘들아 봄비가 와요. 봄비 소리에 잠이 깨었으니 이제 새싹들이 세상으로 나올 거예요. 우리 함께 기다려 볼까요?"

"왜요?"

"왜 나와요?"

"봄이 왔기 때문이지요. 겨울엔 너무 추워 땅속에 꼭꼭 숨었다가 따스한 봄볕에 놀라 나올 거예요."

봄비가 희망인 줄, 꽃인 줄, 봄비가 사람인 줄, 우주인 줄 아는 나이가 되면 그 마음에 희망 같은 절망, 절망 같은 희망의 그림자가 하나씩 드리워지리라.

마음 둘 곳 없어 지독하게 외로운 날에 봄비는 얄밉도록 더 부추긴다. 으슬으슬 몸살이 난다. 살아도 말아도 좋은 세상 이따금 봄비는 절망이다.

봄비 끝에 한 뼘 더 자란 목련꽃 한결 붉어진 자태에 마음이 부푼다. 지금 막 봄의 산도를 열고 나온 희망처럼. 굳은살 박인 나목의 물길을 타고 올라 꽃잎과 색깔만 키운 것이 아니다. 꽃잎의 꿈을 이루어 주고 싶어 한다. 봄비는 희망이다.

봄비 속을 걸으면 그때 나를 마음에 품어 준 그 머슴애가 공연히 생각난다. 코흘리개 그 머슴애도 잘살고 있을까. 어느 길모퉁이에서 우연히라도 한번 만나고 싶었다. 얼굴엔 살구색 분가루로 주름을 덮고 흰머리는 검정색 물을 들여 봄비 속 찻집에서 만나고 싶다. 유리창에 아른거리는 세월일랑 묻어두고 그때로 돌아가서 활짝 웃어보아도 좋으리. 기다림을 가져 볼까? 추억 한 아름 몰고 온 봄비가 바람이다.

핑크빛 사랑이고 회색 절망, 노란색 행복, 무채색 바람 그리고 청람색 희망이다.

무언거나

작열하는 태양에 살갗이 타들어 가는 듯하다. 50도는 족히 될 것 같은 체감온도에 푹푹 찌는 심사를 달랠 겸 육거리 장에 나섰다. 지친 몸과 마음을 달래줄 묘수를 찾는데 삼복더위는 장터에도 바글거린다.

야들야들한 진초록 푸성귀가 삼복염천을 감당하지 못하고 악취로 헛구역질이 난다. 버둥거리는 생물은 살아만 있지, 답지는 않고 허여멀건한 눈빛이 마뜩잖다. 여기저기서 썩어 나가는 냄새가 역겨운데 세상 이면에도 이 냄새 진동하리라.

"복날에는 삼계탕이죠?" "아녀, 보신탕이여." 곁을 스치며 나누는 부부의 대화로 보아 더운 심사를 달랠 묘수를 찾지 못했나 보다. 우리 부부는 삼계탕으로 합의를 보았다. 일찌감치 타협을 보지 않을 수 없는 것이 일곱 마리나 되는 새끼를 낳아놓고 눈을 껌뻑거리며 쳐다보는 우리 누렁이 때문이다. 사람의 욕심 채우느라 삼복 때마다 졸지에 황천객이 된 견공들보다 누렁이의 눈빛에 애달아서 남편은 이후로 보신탕을 먹는 횟수가 줄었다. 아니 목에 걸려서 넘어가지를 않는다더니 근래에 먹었다는 소식은 통 들어보지 못했다.

 더위 먹은 남새에 물을 뿌려놓고 손님을 기다리는 촌로의 목젖으로 뜨거운 물이 흘러내린다. 삐질삐질 이마에서부터 새어 나온 땀내가 맡아보지 않아도 우리 어머니의 냄새다. 저러고 계시면 체감온도가 100도를 넘어설 것 같은데, 짜증이 뻗쳐 육두문자 한 번쯤 튀어나올 법도 한데 묵묵히 견뎌내고 계신다. 견뎌내는 섯일까, 가년스런 촌로에 불과해 보이지만, 무언거사인지도 몰라. 땀에는 흙을 벗어나지 못한 푸성귀의 냄새가 배어있고 파란을 거친 뒤에 다져진 연륜으로 향기가 날 것만 같다. 푸성귀 한 바구니 달랐더니 후한 덤도 주셨다.

 돌아 나오다 코 낀 명태 네 마리를 만 원 주고 샀다. 여름 생선 잘못 사면 헛일이라는 내 중얼거림을 들었는지 난전 아지매 호언장담한다. 운명에 코를 꿰었을망정 살 색이 유난히 맑다. 오장육부 다 버리고 젊잖게 있기에 무언거사인가 했다. 집에 돌아와 장바구니를 푸는데 슬금슬금 흘리는 무엇이 개운치가 않다. 도로 물리러 가나,

그냥 먹나 둘이서 실랑이하다가 냉동실에다 꼭꼭 묻었다. 고약한 냄새도 얼릴 줄 알았다. 분명한 냉동실도 빈틈이 있는지 냉장실만 열었는데 코끝이 아리다. 생선이라면 사족을 못 쓰는 우리 누렁이나 주어야겠다. 코를 씰룩거리며 덤벼들 그 녀석의 식탐을 흉보다가 박장대소하였다.

무언거사, 그도 사람이라 재채기와 사랑은 숨기지 못할 터, 가끔은 그것 말고도 슬금슬금 흘리는 것이 있다. 나는 단순 무지해서 앞으로 보나 뒤로 보나 기대치가 최상인 사람은 완벽할 것이라고 자주 착각을 한다. 문득 이상야릇한 냄새가 날 때면 내 안에도 있는 그것과 비슷해서 동질감을 느낀다. 무언거사는 뒷간엘 가도 향기가 나는 줄 알았다. 뒷간에 가면 구린내 펑펑 풍기는 여느 사람과 똑같고, 언뜻언뜻 인위적 향기가 풍겨오면 메스꺼움에 비위가 상하는데 은근히 쾌재를 부른다. 내 열등감이 조금 누그러진다고나 할까.

육거리 장날 만난 실없는 거사가 아무래도 수상쩍다. 속 빈 강정이었나 보다. 그러니 견공의 한 끼 식사로 족하지. 풍문에는 번듯한 면모를 한 허당들이 많은데 진정한 사람은 저를 드러내고 싶어 안달하는 법이 없을 거다. 소문만 거나한 그들은 그것으로 소기의 목적을 달성했다고 쾌재를 부를 테지만, 세상이 이리 더울 때는 장마당 촌로의 실살스런 향기가 더욱 그립다.

툭 터져버린 실밥 사이로 뉘 한 줄금 쉰 냄새 고약하다. 다시 꿰맨다고 사라지지 않을 별스러운 인사내라서 여름 더위 배가 된다.

육거리 장날 삼복염천이 쏘아대는 광선에 결국 뱉어 놓고만 무언거사의 그 속내 생각하며 변질의 의미를 곰곰 되씹어 본다.
 나도 한 보따리 꿰매놓은 것, 누렁이도 싫어할 텐데….

3
호롱불의 덕목

호롱불의 덕목

 우리는 어둠의 풍요로 가멸차게 성장일로에 들어섰지만, 천지에 깔린 칠흑 어둠은 때때로 공포에 몰아넣었다.
 산 밑 동네엔 어둠이 더 빨리 찾아오고 밤을 노린 산짐승 소리가 아주 가까이서 들렸다. 그런 날 뒷간에 가려면 내 손에 들린 호롱불도 미덥지 않았다. 호롱불은 이타적 배려로 누군가의 손에 들렸을 때 그 미덕이 빛나지만, 그때는 내 어머니의 손에 들렸을 때 가장 훌륭했다.
 등잔불이 하나둘 꺼지면 산골은 괴기스러운 어둠으로 가득 찼다. 쉽게 잠들지 못하는 날에는 식은땀을 흘리며 그 괴물과 씨름해야 했다. 밤이 이슥한데 귀에서 통증이 시작되더니 불볕보다 뜨거운 열이 났다. 꺽꺽 우는 소리에 어머니께서 놀라 등잔불을 켰다. 무지막지하던 공포를 삼켜버린 그 조그만 등잔불은 어둠을 태우느라 밤새 시커먼 그을음을 게워냈다. 지하주차장으로 들어서면 지금도 가슴이 조여 오는 이유가 그 시절 어둠의 공포에서 기인한 두려움인지도 모른다.

동네를 아우르며 늙어가는 오동나무가 있었다. 눈부셨던 오동나무의 일대기를 들려주던 어른들은 고목의 그늘에다 삶의 무게를 내려놓고 희망을 거론하곤 했다. 기대에 찬 아들의 포부를 부추기고 그 아들은 오동나무의 우렁우렁한 목소리를 들으며 어둠의 풍요와 함께 미더운 성장을 했다. 대장정에 오르던 날 거목을 끌어안고 금의환향을 약속했다.

아이들은 낮과 밤을 가리지 않고 고목을 중심으로 성장을 거듭했다. 달이 찬란한 밤엔 오동나무의 감성에 불려 나와 달빛의 방향성을 따라 기차게 놀았다. 달이 없는 밤에도 서슴지 않았다. 등잔불이 하나둘 가년스러운 지붕 밑을 밝히면 희망은 어렴풋이 밤으로도 찾아왔다. 아이들은 그 불빛을 얻어 몸살이 나도록 밤을 열어젖혔다. '함께'라는 든든함과 환희에 찬 에너지로 더 운 달았을 거다. 오동나무는 장승처럼 지키고 서서 우리의 일거수일투족을 지켜보았고 미더운 성장을 재촉했다.

고목 아래서 노 할아버지의 곰방대가 전설을 풀어내고 할머니의 찐 고구마가 순식간에 없어지던 달가운 세월, 햇빛 바른 오동나무 밑 그 한 축에 나도 끼어있었다.

혼자 남겨지는 두려움이야말로 공포를 넘어선다. 밤이 이슥하도록 놀다가 산 밑 첫 집으로 돌아가는 길목에는 어둠이 괴물처럼 지키고 있다. 골목 어귀에는 도깨비가 숨어 나를 노리고, 귀신의 괴괴한 휘파람 소리가 귓전을 맴돌면 오금이 저렸다. 그럴 때마다 큰 소리로 애국가를 불렀다. 밥 먹듯 주절대던 고향의 봄을 두고 왜 애국가였는지 모르겠지만, 대한민국 만인의 에너지가 응축되어 있으니 어떤 주문보다 강력한 힘이 되었으리라. 그런 나를 찾아 나선 어머니의 호롱불은 산 밑 첫 집이 주는 즐거움이기도 하였다. 8남매의 중간에 태어나 받는 사랑도 중간이라 여겼는데 그 순간 어머니는 오롯이 나만을 위한 존재라는 희열에 빠졌다. 나의 유년은 어둠의 풍요와 공포 속에서도 어머니의 호롱불과 천연스런 달빛과 등잔불 같은 오동나무를 중심으로 오롯이 성장했다.

한 치 앞을 분간할 수 없는 안개 속이다. 방관자일 때는 허연 어둠이 잠식해 가는 앞차를 바라보며 신기했는데 정면 돌파해야 하는 운전자의 입장에 서니 난감하다. 미로 속에서 헤매는 어릿광대를 향해 불만을 토로하듯 빵빵거리더니 앞을 가르고 노련하게 달려간다. 보란 듯이 질주하는 바람에 내 차가 휘청거렸다. 겁도 없이 달리는 노련함이 부럽기도 하지만, 안전하게 벗어나야 한다는 절박함에 초긴장 상태가 되었다.

차 한 대가 1차선을 질러 내 앞으로 들어섰다. 쌩하니 달아나버린 앞차와는 달리 나를 안내한다. 이런 고마울 데가, 안심하고 따라오라는 미등은 그날 밤 어머니의 호롱불 같은 존재였다. 갑자기 진한 동지애를 느꼈다. 초보운전이란 딱지를 붙이고 있는 내게 허연 어둠의 공포를 덜어주는 미등은 참으로 큰 위로가 되었다. 아마도 안개 속을 멋모르고 들어선 철부지 운전자의 안위가 걱정스러운 착한 사람이었을 거다. 조금 멀어지면 불빛이 사라져 버릴까 봐 더 속도를 내었는데 고마움으로 가슴이 뻐근해 왔다.

질리도록 허연 어둠 속에서 미등은 보일 듯 말 듯 간당거렸지만, 붙들고 있으니 내 시야에서 점점 확장되었다. 그 사실 하나로 사람들은 저마다 미등 같은 희망을 안내로 험난한 인생길을 달려가고 있다.

어머니의 호롱불과 어둠을 삼켜버린 등잔불은 때때로 내가 불안할 때 미등처럼 켜진다. 달도 여전히 그 산골을 밝히고 있을 거다. 해보다는 소극적이지만, 어둠보다는 강한 속성으로 변함없이 떠오르는 이유는 미더운 달빛 아래서 가멸차게 성장해야 할 아이들이 있기 때문이다.

그의 미등과 등잔불과 빛나는 달은 호롱불의 덕목이다. 세상 곳곳에 켜져 있음을 알아채면 사는 것이 그리 헛헛하지만은 않을 거다.

소리, 그 소리

열 살 이후의 나의 삶은 덤이다. 징하게 병치레를 한 탓에 사람 구실 못 하고 명줄을 놓을 줄 알았다고 어머니는 자책하셨다. 당신의 죄는 아닌데 잠깐의 생각이 해가 되었는가 싶어 오랜 시간이 흘러서야 운을 떼셨다.

층층시하 어른들과 대가족을 거느린 종갓집 가장이 죽음의 문턱에서 헤매고 있었다. 아내는 절망했다. 보지 않아도 두려움에 눈물을 쏟는 젊은 아내의 모습이 그려진다. 눈앞에서 고물고물 기어 다니는 피붙이를 보며 '대신 저 아기를 데려가셨으면…' 하고 탄식했노라고 고백하셨다. 하늘은 차마 두고 볼 수 없었는지 사경을 헤매던 가장과 아기도 지켜주셨다.

안개 밭을 거치고 내가 일구어 놓은 꽃밭의 풍경이 눈물겹다. 지금 이 순간 살아 있음에 감사하다. 요즘 들어 더 오래 살고 싶다는 욕심이 자꾸 생긴다.

"박 서방, 야가 속은 허당인기라. 부디 잘 부탁한데이-."

잦은 병치레로 부실했던 딸, 제 앞가림도 못 하는 우유부단한 여식이 사람 노릇이나 하고 살까 싶어 노심초사하셨다. 이 땅에서 여자로 태어난 죄가 얼마나 큰지 아시기에 당신의 전철을 밟아 갈 여식이 마음에 걸려 사위에게 신신당부하는 말씀이다. 환갑 날 어머니가 계셨으면 얼마나 좋을까 하고 마음이 아렸다.

세상은 예사로 마음먹어서는 못 산다고 그러니 정신 똑바로 차리고 살라 하시던 어머니는 이 허당의 눈물을 보시지 않은 것이 천만다행이다. 힘들게 산 이유가 무엇일까 생각하다 어머니 말씀이 떠올랐다. 세상살이를 만만하게 본 것이다.

남편의 그늘이 나의 세상인 줄 알았다. 그의 영역에서 조선 시대 아낙처럼 40여 년을 보냈다. 지금도 길을 나서면 그가 없이는 곤란해져 버리고 혼자서 처리해야 할 일이 생기면 머릿속이 하얘진다. '여자란'이라는 말에 온전히 수긍하고 살아온 나는 그의 독선 아래 오래전 조선의 굴레에 갇혀 있었다.

가정에서 조선의 남자가 주역이 되면 안사람의 삶은 그다지 변변치 않다. 나의 소리는 늘 단단한 벽에 부딪혀 도로 튕겨 나왔다. 이 허당의 미래를 어머니는 이미 보신 것일까.

두 딸아이는 적어도 나와 다른 삶을 살고 있다고 생각한다. 남아선호 사상에 물든 우리 부부의 편협한 사고로 가슴에 상처는 많겠지만, 스스로 소리를 내는 당당함이 미덥다.

얼마 전 〈82년생 지영이〉를 읽었다. 그녀의 병증은 사회를 향한 침묵의 시위이다. 또 다른 가해자였던 가족에게 쏟아내는 비명이다. 내가 곧 지영이의 엄마이며, 내 할머니는 지영이 할머니의 전형이다. 소리는 그녀 안에서 오갈 곳을 몰라 분노로 바뀌고 분노하지 못한 분노는 그녀의 정신을 갉아먹기 시작했다. 남자의 손에 이끌려 그녀가 정신과를 찾았다. 책을 읽는 동안 자책감과 화기로 호흡이 가빠왔는데 성 평등 사회란 말이 무색하게 작가는 수많은 지영이의 비명을 들은 것이다. 소리도 내지 못한 채 아파하는 지영이의 소식을 울분을 삼키며 알리러 온 것이다. 그래서 소리를 내어야 함을 작가는 소리치고 있다.

강연회에서 아주 앳된 소녀가 물었다.

"그럼 우리는 어떻게 해야 하나요?"

강사는 흔쾌히 답을 주었다.

"지금처럼 그렇게 소리를 내어야 해요."

미투의 확산이 그 소리이다. 그 소리가 어린 소녀의 미래를, 여성의 세계를 당당히 구축하게 된다는 말이다. 과감히 용기를 내어 철벽같은 남성의 그 무례한 성역을 무너뜨리고 사회악을 고발하는 그녀들의 반란이 밀려온다. 참으로 오랜 시간 짓밟히며 살아온 한 맺힌 여자의 후손들이 비로소 내는 저 소리가 여자의 역사를 다시 써 내려 가는 계기가 될 것이다. 그 소리의 영속성이 여자의 세계를 확고하게 세울 것이다.

　침묵하던 나도 언제부턴가 소리를 내고 있다. 사람들은 중년의 자연스러운 변화의 조짐이라고 하고 아이들은 나의 소리에 힘을 실어주는데 나도 거듭나고 싶기 때문이다. 생물학적 나이에 0.7을 곱하면 심리적 나이가 나온다고 했다. 나는 정확히 42.7세이다. 반전의 기회다.

　번데기의 우화를 생각하다 잠이 들었다. 꿈에서 사무치도록 날았다.

　소리, 그 소리가 날개를 달고 지구를 한 바퀴 돌아오면 금상첨화이다.

추풍낙엽의 이유

　겨울 풍경이 을씨년스럽다. 더욱 부추기는 것은 마당에 뒹구는 낙엽이다. 지난 가을 최상의 자리에서 내려와 부랑아처럼 떠돌더니 마지막 자리를 찾아왔다. 지는 것은 당연한 이치여서 그조차도 아름답다 여겼거늘, 이 한추위에 헤매다 돌아온 낙엽에다 의미를 부여하려니 달갑지 않다. 거기 있어 아름다운 이유를 찾을 수가 없어 불에 살랐다. 오랜 여정을 마무리하고 흙으로 돌아갔다. 저를 살라 거름이 되었으니 그 진기로 생명이 불같이 일어나 봄을 누빌 것이다. 낙엽의 마지막 이유를 만들고 나니 흡족하다.
　태우지 못한 낙엽은 내내 마당에서 뒤척이다가 겨울비가 몇 차례

내리고 나서야 숨이 죽었다. 뼈가 시린 담금질로 어느 순간에 가서는 아집이 녹아내릴 것이다. 내 손을 빌리지 않아도 시나브로 흙으로 돌아갈 터인데 낙엽에 대한 나의 어설픈 해석이었나.

거름이 된다는 것은 제가 없어지는 일이다. 아니 저를 바로 세우는 일이다. 더는 의미가 없는 낙엽 따위라 생각했는데 추락의 깊은 뜻이 있었다. 낙엽이 흙으로 돌아가면 흙의 본질이 된다. 흙은 온갖 것의 마지막을 품고 온갖 것의 생성에너지가 되기도 한다. 그러므로 낙엽은 큰 의미 안에 녹아든 작은 요소이다.

권력에 빌붙어 전성기를 누리던 그들이 우수수 추풍낙엽이다. 호의호식하다 날벼락을 맞았다. 기둥이 무너지니 경을 칠 간신배들 위상도 날아가고 부질없는 낙엽 신세가 되었다. 잘못 모셨으니 죗값을 받아야 하거늘 책임 회피, 책임 전가, 위선적 언변이 점입가경이다. 그들에게 희망의 여지를 준다면 우리는 또 다른 화를 불러들이는 일이 될 것이다. 소낙비 피하듯 피신했다가 영혼 없는 오뚝이로 부활하는 그곳의 가면 놀이 이제는 염증이 난다. 패자부활전은 정당한 싸움에서 안타깝게 진 자들의 구출 작전이어야 한다.

고개를 뻣뻣이 들고 죄가 없다고 말하는데 믿은 죄밖에 없는 국민을 죄인으로 몰아서야 쓰겠는가. 후회로 불면의 밤을 보내는 저 못난 위인들, 사람이라면 죽을 만큼 뒤가 켕길 것이다.

믿는 도끼에 발등을 찍히다 보니 색안경을 끼고 보는 버릇이 생겼다. 진실만을 말한다는 이의 꼭뒤가 자꾸 넘겨다보인다. 청문회

걸쭉한 입담도 "옳거니." 하고 장단 맞추기가 거식한 것이 자신을 각인시키고 싶은 술수로 보인다. 고개를 숙이고 계산에 골똘한 저들의 속셈도 내내 궁금하다. 불신의 벽을 만들어버린 나도 문제인가. 이 허무한 진실이 한두 번이 아니었건만 우리는 또 절망하고 분노하고 있다.

파당, 창당, 새 인물 유입, 잠룡의 출현, 의외의 인물에 대한 기대로 그곳이 부산하다. 떠도는 철새는 대의명분을 내세워 여기저기 들쑤셔 쑥덕공론하고 제 살길 찾느라 바쁘다. 아서라, 애국은 자리가 하는 것이 아니다. 우리는 국민과 함께하고, 국민의 권리를 대변할 청렴결백하고도 가히 칭송의 대상이 될 그 누군가가 필요하다. 부디 그가 우리의 희망이며 미래이길 바란다.

낙엽은 갈 곳을 몰라 헤매다 내 집 뜰에 마시막 적을 두었다. 저를 내려놓으니 진토가 되었다. 그들은 낙엽의 이유를 알고 있을까.

이참에 낙엽의 이유가 돼라. 추한 욕망을 내려놓고 초야로 돌아가라. 그곳에 적을 두고 그대와 후손들을 위해 거름이 돼라. 낙엽도 이유를 만들었거늘 만물의 영장인 사람이 낙엽보다 못하다면야 쓰겠는가. 처음엔 가식이라 삿대질하겠지만, 두고두고 교훈으로 삼고 후손들이 제 처신에 경각심을 가지리라.

의석에 앉은 타 당파들 승자 행세하는데

"그대들은 진정 죄가 없는가?"

속셈은 달리 두고 애국자인 양 각색하지 말라 충고하고 싶다. 자주 속다 보니 그대들 눈빛 또한 짐작하기 어렵고 도색한 언어로 국민을 위로하는 말, 말, 그 말들, 당최 감을 잡을 수가 없다.
  오늘따라 구순 우리 어머니 말씀이 가슴에 와 닿는다.
  "별 수 있관데, 그놈이 다 그놈이제."
  나도 고개를 주억거린다. 하지만 영웅은 난세에 나는 법이다.

통즉불통 通卽不痛

굴뚝이 막히면 독소를 품은 연기가 역류한다. 막힌 굴뚝을 해체했더니 암적 존재들이 검은 핏덩이처럼 엉기어 질탕하게 쏟아졌다. 말끔하게 청소한 굴뚝을 다시 세우면서 깨달은바 통 즉 불통이다.

아버지는 왜정 치하 불통의 시대를 고스란히 살아내셨다. 일곱 살에 어머니를 여의고 서모 밑에서 자랐으니 허허로움도 만만치 않았을 터인데, 조국마저 떠나버린 불안한 미래가 이유였을까. 뿌리 없는 바람이 되어 타국을 전전하셨다. 만주로 일본으로 방랑객이 되었던 아버지는 여러 해 일본에 머물면서 한의학에 심취하셨다. 젊음을 바친 대가로 돌아와 한약방을 차리셨다.

지금 생각해 보면 한약방은 생계수단의 목적이라기보다 보조수단이었다. 농부의 아들이니 아버지 역시 땅을 일구는 일에 더 큰 비중을 두었다. 물론 머슴살이 온 아재와 함께 어머니의 역할이 더 컸지만, 아버지의 직업은 엄연한 농부셨다.

가난을 업처럼 붙들고 살았던 시절, 사람들은 통증이 극에 달하고 병이 깊어져서야 아버지를 찾았다. 약값이 모자라도, 가을걷이 뒤에 갚는다고 해도 말없이 약을 내어주곤 하셨다. 모질게 약값을 운운할 만큼 심성이 차가운 분도 아니셨지만, 남루한 시대를 함께 살아가는 동지애로 우호적 배려였거나, 통즉불통의 이치로 약을 처방하고 침을 놓으며 더불어 심적 조력자가 되고자 하셨을 거다. 가난한 시절, 그 고비를 억척스레 넘기는 이웃들에게 가멸찬 위로가 되었으니 감히 한 번쯤은 나의 아버지를 세워드리고 싶다.

연초가 되면 이웃들이 토정비결을 봐 달라고 찾아왔다. 재미로 보는 것이지만 그날 하루 사랑방은 희망을 얻어 가는 소통의 구역이 되기도 했다. 한때는 아이들을 모아놓고 훈장 노릇을 하셨다는데 당신의 삶을 비추어 소통의 원리를 가르치셨을 것이다.

한가한 날은 한서를 즐겨 읽으셨다. 기분 좋게 술 한잔하면 시조를 읊으셨는데 알알한 세월을 반추하는 듯 눈가가 젖는 날도 있었다. 아버지의 삶을 되새겨 보니 귀양지에 묶인 선비의 고뇌가 보이고 어느 때는 낙향한 선비의 편안함이 보인다.

정작 지어미의 속사정은 모르셨다. 경상도 남자에다 고루하기 짝이 없는 아버지께 어머니는 시집살이가 힘들다고 넋두리 해본 적이 없었다. 가끔 내 앞에서 팔자타령을 하셨는데 잉걸처럼 타올랐을 어머니의 마음을 읽어드리기에는 내가 너무 어렸다. 그럴 때마다 스트레스를 받은 위는 곡기조차 거부했고 아버지께선 약탕기에 불을 지피셨다. 어머니가 겪었던 오랜 치통과 위 천공은 불통의 결과였다. 층층시하 시집살이와 가족 구성원의 구조적 모순에서 오는 문제가 몸을 무너뜨린 것이다. 어머니는 다시 태어난다면 그때는 꼭 새가 되고 싶다고 하셨다.

젊은 부부의 가족 해체는 물론 황혼 이혼이 이혼율의 3분의 1을 넘어섰다고 한다. 내 어머니처럼 참는 데 이골이 난 여인들이 반란을 일으킨 것일까. 접점을 찾지 못한 채 불통이 되어버리는 상황이 안타깝고 그것이 온전한 해결책이 아니라는 사실이 더욱 서글프다. 후유증은 또 얼마나 많은 문제를 야기하고 있는지, 살아도 말아도 고역인 삶의 미로에서 길은 없는 걸까.

부부 문제로 갈등하던 그녀는 표정이 늘 어두웠다. 그녀를 만나면 '금성에서 온 여자와 화성에서 온 남자' 이야기로 자주 넋두리를 하곤 했다. 한 공간에서 살 비비고 사는 부부의 거리가 금성과 화성의 간격만큼이나 멀어지는 순간, 그 부조화로 심심찮게 소리가 담을 넘어 요란스럽다. 두 별의 거리는 대략 일억 이천만km, 가늠할 수 없는 거리감에다 환경마저 다른 곳에서 살아온 터이니 불통인 것이야 당연하다. 살다보면 돌파구가 생길 것이라는 믿음, 순간순간 접점의 시간이 올 때 느끼는 희열로 누구나 그렇게 살아가고 있을 거다.

희망이라는 그것, 참 대단하다. 용케 참아낸다 싶더니 나이 들며 황혼이혼을 생각한다고 속을 털어놓았다. 동병상련의 고충을 털어놓으면서도 희망을 놓아버린 그녀 때문에 마음이 조마조마했다. 어느 날 그녀의 말인즉, '나'를 내려놓으니 그가 마음을 열었단다. 한 걸음 물러서서 바라보니 눈에 거슬리던 단점이 너그러이 수용되고, 언제나 앞서기만 하던 그가 마음을 나란히 맞추던 날 진정한 동지, 조강지부로 받아들였단다. 그녀의 삶이 긍정적으로 바뀐 뒤에 한층 밝아진 모습이 참 보기 좋았다. 통즉불통通卽不痛이다. 가랑비에 옷 젖는다더니 용퉁한 나도 슬며시 젖어 들었다.

항간에 떠도는 소문이 나랏일도 불통이다. 둔한 내 귀가 시끄러울 정도니 예삿일은 아니다. 건국 이래 바람 잘 날 있었을까만, 지금 반도가 이리 시끄러움은 무엇이 문제인지 알 듯 말 듯 하다.

'나'에서 가족으로, 이웃으로, 국가로, 크게는 세계로 가는 길에 불통은 수많은 문제를 만들어낸다. 문제 핵심에는 언제나 고집불통인 '나'가 있다. '나'는 부자처럼 약성이 심오해서 사람의 생사를 가르기도 하고 가정의 안녕을 위협하고 국가의 존폐를 부르기도 한다. 다스리는 방법에 따라 소통과 불통을 오고 간다.

소통이 가져다주는 오는 위대한 가치야 굳이 부연 설명할 필요가 없을 것 같다.

모란이 피었다

아름다움에 취하면서도 툭 걸리는 것이 있다.
"너는 향기도 없잖니."
선덕여왕은 당 태종이 보낸 모란도를 보고 대담하게 일갈했다.
"이 꽃에는 나비가 없으니 분명 향기가 없는 꽃이다."
그 범상치 않음이 여인의 덕인 양 기꺼웠다. 여왕이 영민함을 내 것인 양 내세워 지금껏 모란을 보면 '너는 꽃이로되.' 은연중에 그 격을 낮추보았다.
모란꽃에 벌이 앉았다. 향기도 없는 꽃에 무슨 일로 찾아 들어 희롱하고 있을까. 대단한 발견이라도 한 것처럼 흥분해서 지켜보는데 인기척에 달아나버렸다. 나도 꽃 속에 얼굴을 묻었다. 향기라기엔 아주 어설프다. 다른 이들도 역한 냄새가 난다고 했지 향기라 말하지 않았다. 향기라 여기지 않는 이유는 사람도 벌도 영혼을 흔드는 미혹한 냄새에 세뇌되었기 때문일 거다. 우리가 아는 향기와는 색깔이 다르니 일반적인 시각으로 보면 모란은 향기가 없는 꽃이다.

'이 희귀한 사건의 의미는 무엇이지?' 벌의 변이, 아니면 꽃의 진화? 그것도 아니면 여왕의 오판? 여왕에 대한 내 충정과 투철한 신념을 깨어 버릴 수 없다. 이유는 분명 전자이거나 반항아의 엽기인 게다. 모란도를 재해석해야 할 역사적 사건은 아닌 것 같다. 버선코같이 예스러운 모란의 열매는 고고한 바람이 남기고 간 선물이다.

봄은 향기로 오거늘 향기도 없는 꽃이 무엇으로 봄의 정원을 가득히 채우는 것일까. 기척 없이 피지만 영롱한 꽃이다. 향기가 전부인 줄 알고 있는 벌이 애써 찾을 리 없어도 홀로 빛나는 꽃이다. 설령 기척을 준다고 하여도 벌은 내 무지한 안목처럼 '너는 향기도 없는 것이.' 하고 차디찬 눈빛으로 외면해 버릴 것이다.

모란은 비단같이 고운 결과 참선으로 여문 선홍색 가슴을 하고 선방에 앉은 여승같이 비밀스러운 꽃이다. 속세나 산속이나 선방은 마음을 내기 나름이니 미혹한 향기와 어수선한 움직임 속에서 가부좌를 틀고 있다. 내 꽃밭을 찾아온 고매한 화승花僧이다. 향기도 없는 향이 그윽하다.

향기로 채워진 봄은 현상이다. 내가 눈으로 보는 벌이 향기로 아는 세상이다. 보이지 않는 것을 헤아리는 혜안이 없으니 나는 허상을 안고 모란을 보았고 벌은 모란이 핀 사연을 알 길이 없다. 시류에 편승해 가는 나는, 또한 눈먼 벌은, 타락한 봄을 찾아 거리를 배회하는 진부한 향기였던가. 어쩌다 나는 선방의 여승도, 모란도 아닌 채 고해에 머물러 있다.

  모란의 봄은 동토의 문을 열고 천지가 개벽하는 시간이다. 찰나에 산중 선방에서 개벽 소리 들리고 어수선한 꽃밭에서 모란이 저를 쏟아내었다. 거침없는 봄을 전하려 향기 없는 꽃을 피웠는가. 시항市巷 속의 대은大隱일까, 감히 장자서의 한 줄 문장을 옮겨 와 생각을 거듭해본다. 오호라, 이제야 알 것 같다. 화승의 가슴을 파고든 천방지축 저 괴짜는, 혜안은 아닐지라도 분명 여느 미물보다 훌륭한 촉을 가졌던 게다. 앎은 가장 낮은 것 땅강아지나 개미, 기와와 벽돌이나, 똥이나 오줌에도 있다 하였으니 보잘것없는 내 꽃밭에 날아들어 향기도 없는 모란꽃에서 깨우치고 있었다.

  야멸친 태양 아래 모란이 절정으로 치닫는다. 붉게 타버린 살결은 인내로 다스리고, 달궈진 심장은 어젯밤 차가운 달빛에 식혀 억겁으로 몰입하고 있다. 삼매에 든 화승의 향기가 아름다웠던가, 혜안을 가진 바람이 꽃잎 속에 머물다 덜컥 인연을 맺고 떠났다.

  모란은 오롯이 꽃으로 보아야 아름답다. 무궁화와 벚꽃까지 심어놓고 치열하게 논한다면 알력이 생겨 오류를 범할 수가 있다. 사람도 사람으로 볼 때 진정한 가치가 보인다.

모란 앞에 서면 오래 머물러 생각이 많아진다. 살아있다는 이유 하나만으로 다시 살고 싶다. 그러면 모란의 향기 없음을 탓하지 않고 사람의 향기를 가늠하는 데 서두르지 않겠다. 가식의 탈을 벗어던지고 내가 진정이 되겠다. 선방의 여승이면 좋고 향기로운 모란이면 더욱 좋겠다. 후생에라도 꼭 한번 그렇게 살아보고 싶다.
　물색없는 벌이 찾아와 희롱하기에, 혹 고매한 화승이 본분을 잊은 채 향기를 욕심낸 경망한 처신인가 하고 놀랐다.

바다는 내게

    통영하고도 한적한 산자락에 엉덩이를 쑤욱 디밀고 앉은 작은 바다가 있었다. 그 모퉁이에 여장을 풀었다. 파도 소리 자근자근 가볍게 돌아들고 거친 바람도 이곳만 찾아들면 고분고분해지는 아늑한 곳이다. 몇 안 되는 어부를 끼고 바다는 그들의 생명 줄이 되어 온몸을 내어 주고 있다. 어제 잡은 생선이 빼들빼들 말라가고 남새밭 고랑마다 겨울 푸성귀가 넘쳐 난다. 생전 큰 파도라고는 만난 적이 없을 것 같은 어부 내외가 통통배에서 일상을 낚고 있다. 짐작건대 어부의 삶은 저 잔잔한 바다처럼 녹녹하였으리라.
    그 풍경이 마을 꼬리를 붙들고 냉큼 들어앉은 고향 바다를 빼닮았다. 나는 자라면서 큰 파도를 만난 적이 없었다. 포도송이를 닮아 포도해라 불리는 고향 바다는 늘 잔잔해서 윤슬을 보며 자랐다. 경포대 우렁찬 파도를 처음 보고는 신기하기도 했지만, 두려움에 사로잡혔다. 울릉도 가는 뱃길에서 망망대해에 던져진 듯 무서워 눈을 감았던 것도 그래서였다.

 내게 바다는 그런 것이다. 도전과 패기에 찬 바다, 오대양을 합친 대해가 아니라 까닭 없이 들이닥친 매운바람도 잠재우고 슬그머니 나갔다가 돌아오는 길에 이야기를 담아 오는, 너무 크지도 작지도 않아 나를 담을 수 있는 아늑한 고향 같은 것이다. 내게 주어진 삶도 그러려니 했다. 작은 바다에서 자란 탓일까. 한바다 같은 삶을 마주하고 서면 늘 함량 미달을 느낀다.

 여행 중에는 주부의 자리를 내어주고 받아먹는 즐거움도 쏠쏠하다. 딸려온 꼬맹이들까지 이 식구들이 집에서라면 내 코에서 단내가 났을 거다. 싱싱한 해물로 만찬을 준비하는 남편과 아들은 마음이 바쁘고 어미들은 두 몸 추스르기 바쁘다. 들뜬 분위기를 두고 물가로 나왔다.

 대열에서 이탈한 홀가분함이 마음을 흔든다. 옅은 어둠이 안개처럼 스미고 있다. 돌아오는 물소리 사위를 울리고 하얀 포말에 돌멩이 자그락거림이 간지럽다. 이 오롯한 분위기가 얼마 만인가. 일상의 온갖 잡음과 소용돌이와 고단함이 내려앉는다. 어부들의 처마 밑에 등불이 하나둘 켜진다. 하루를 마친 어부 내외가 비린내 나는 옷을 벗고 소금기에 절은 손을 씻고 있을 거다. 생선 굽는 냄새 고소한 정지간에서 굽은 등의 노모가 소박한 저녁상을 차리는 그의 집을 엿보고 싶다. 어부는 내가 사는 도시의 불빛이 아무리 휘황하여도 체기를 느끼고, 도심에 서면 울렁증으로 채 사흘을 사는 것도 고역이리라. 그네들을 이웃하고 내처 서너 달쯤 머무르고 싶은 곳이다

  종일 햇살에 정제된 돌이 드는 물에 앉아 마음을 닦고 있다. 고뇌로 깎이고 시간으로 닦아내는 구도자의 가슴도 저리 둥글까. 얼마나 긴 세월이어야 저토록 원만圓滿할 수 있을까. 내 눈에는 만족하건만 파도는 저다지도 엄한 다그침이다. 육신마저 사라지면 죽비소리도 그치려나. 몇 겁을 흘러온 바다 앞에서 얼굴을 붉힌다.

  어둠이 바다를 가득 채웠다. 귀항하는 만선의 희락이 불빛으로 춤을 춘다. 출항하는 밤배는 파도를 가르고, 멀리 띄엄띄엄 떠도는 불빛이 꿈을 꾸기 시작했다. 부두에 매인 배는 무엇일까. 집착인 듯 멍에인 듯 단단히 묶여있다. 매인 배가 내 안에서 술렁인다.

  이 저녁 세상사에 얽매인 범부의 가슴으로 밀물과 썰물이 고동치며 들락거린다. 바다 돌을 닮으라는 다그침일까.

서슬 푸른 봄

　당당하다. 몸통은 남정네의 팔로 안아도 아름이 넘을 것 같고 하늘을 찌를 듯이 치솟았다. 사방으로 팔을 벌려 잔가지를 감싸고 있는 모습이 가솔을 품어 안은 가장의 모습이다. 성군이 민심을 품어 안은 모습이다.
　억지스러움이나 간섭을 당한 흔적이 없어서 아름답다. 모르기는 해도 예전에 지나간 태풍 매미와 사라를 만났을 것이며 폭설, 장마는 물론 지나던 나무꾼의 낫 놀림 한 번쯤은 당했을 법한데…. 하늘과 숲과 바람과 그 아래 사람까지 아우른 조화가 평화의 깃발처럼 나부낀다. 완벽한 자유다.

도심 곳곳에는 나무들이 상처를 안고 모여 산다. 어디까지 뻗어 나갈지 한계를 모르는 어린 나무도 한 평 남짓 땅에서 단칸 셋방살이처럼 서럽다. 나무는 거침없이 뿌리를 내리고 가지를 뻗었었다. 사람들은 방종이라 몰아세우고 칼을 들이댔다. 볼 때마다 그들의 수런거림을 듣는데 신음인가 하고 귀를 기울인다.

간섭당한 흔적이 볼썽사납다. 겨울이면 전라의 모습을 볼 수 있는데 창상에 얼룩진 몸뚱어리는 안쓰럽고 참담하기까지 하다. 무책임하게 방사하는 이기적 부산물과 문명의 찌꺼기 앞에서 코를 막고 컥컥거리는 신음도 함께 들린다. 몇 개의 옹이야 연륜으로 보이지만, 연연히 당한 흔적으로 생긴 옹이는 나병 환자의 뭉툭해진 손가락처럼 서늘하다. 아마도 그들의 허파는 까맣게 그을려 호흡곤란을, 염통은 제구실을 못 해 부정맥을 앓고 있을지도 모르겠다.

도시의 숲이 비명을 지른다. 음습한 배경과 참담하게 일그러진 얼굴에서 새어나오는 뭉크의 〈절규〉처럼.

신기하게도 봄이 오더니 뭉툭한 팔과 어깨너머로 희망이 퍼덕이고 있다. 겨우내 몸부림치던 생의 의지가 봄을 구실로 터져 나왔다. 자유를 향한 몸부림이다. 분연히 일어섰던 청년들의 푸른 열정이다. 동학군의 깃발처럼 나부낀다. 그들의 분노는 발광發光하는 오로라였다.

청주 초입에 들어서면 플라타너스가 파수꾼처럼 지키고 섰다. 사계의 풍경이 장관인데 간섭과 수난을 무릅쓰고 눈물겹게 이루어낸 자유라서 더 아름답다. 찾는 이들의 벅찬 소요는 지친 마음을 씻고도 남는데 그들의 겨울을 눈여겨 본 적이 있다. 절망스러운 어깨 위로 내려앉은 은사시 같은 순백과 그 정결의 극치를 보았다. 희망을 예고하는 대서사시 같아서 황홀했다.

숲의 무질서는 방종이 아닌 자유다. 인간이 감히 범해서는 아니 되는 자연의 질서이다. 자유의지로 존재하는 숲은 생명이다. 나는 숲에서 사람을 보았고 사람에게서 숲을 보았다.

매일 밤 꿈을 꾼다. 나도, 당신도, 도심의 숲도…. 그 꿈은 아마도 탈속이 아니라 인내에 대한 소망일 것이다. 광활한 숲과 무질서의 자유를 향한 동경보다 문드러진 상처에 새살이 돋고 꽃을 피울 때까지 지금 이곳에서 살아내어야 하기 때문이다.

만연하는 자유가 초록 햇불로 타오르고 있다. 함께이되 고독한 우주 미아들이 온통 궐기한 서슬 푸른 봄이다.

둥지를 트는 일은

"올해는 큰바람이 없을라나."

기골 장대한 나무 우듬지에 세워놓은 누각을 올려다보며 아버지께서 하신 말씀이다. 그해 바람의 세기를 짐작하려면 새가 집을 짓는 위치를 보면 알 수 있다고 하셨다. 새도 영물이라 날씨를 예견하고 큰바람이 오는 해는 더 내려앉아 나무의 든든한 어깨에다 둥지를 튼다고 하셨다.

언제부턴가 마당에 있는 어린 소나무에 산까치가 집을 짓기 시작하였다. 넓은 땅을 두고 아슬아슬한 나무 한편을 빌려 둥지를 틀고 있다. 게다가 사람 냄새가 풀풀 나는 마당 가운데 짓고 있으니 세상

물정이라고는 아주 모르는 철부지일 것이다. 처음에는 그들의 처마 밑을 엿볼 수 있어 호기심이 동했다. 손녀들에게 알려주었더니 주말에 새 둥지를 보러 오겠다고 한다. 카톡, 카톡, 귀가 따가워 들여다보니 "할머니 요즘 뭐 하고 지내세요? 새집은 다 지었어요? 아기는 낳았어요?" 제 어미의 전화기를 빌려 궁금증을 쏟아낸다. 공간과 시간의 개념이 무한한 아이의 천진스러움에 흠뻑 웃었다.

집이 더 올라가지 않는다. 짓다 만 둥지가 부실공사의 표본처럼 덩그러니 놓여있다. 미처 철거도 못 한 채 버려두고 황망히 떠났지만, 자연 친화적인 삶을 사는 그들의 흔적이라 그대로 두어도 아름답다. 미물도 그러니 사람은 더더욱 해악이 미치지 않는 곳에 둥지를 틀고자 눈을 부릅뜨고 명당을 찾아 헤매는 것이다. 손녀에게는 내가 짐작하고 있는 이유를 자분자분 설명해 주어야겠다.

산 등에 있는 큰 갈참나무 우듬지에 까치가 둥지를 틀었다. 하늘이 무척 가깝고 세상도 한눈에 내려다보인다. 아주 멀리 날아볼 꿈을 꾸어도 좋을 만큼 시야가 한정도 없이 트였다. 새끼를 키우기엔 그만이다. 아마 그들일 것이다. 그간 몇 차례나 더 이사하고 거기에 안착하였을까. 바람이 심심하면 매칼 없는 장난으로 날려버릴 것 같이 간당간당하지만, 사람의 간섭도 바람의 장난에도 끄떡없는 곳이리라. 맹모삼천지교를 떠올리며 흐뭇하게 올려다보았다.

어미가 생애 가장 행복한 모습으로 알을 품을 것이다. 그들을 황홀하게 하는 대사건이 벌어지면 존재감은 최고조에 이르리라. 그날

이후로 거센 파도와 된바람에도 날개가 부르트도록 날아야 하는 숙명을 기꺼이 받아들여야 한다. 새끼들은 고 작은 입을 벌리고 날고 싶다고 아우성칠 거다. 날개가 돋아나면 사는 법을 가르치고 날개가 더욱 탄탄해지고 멀리, 높이 날아오를 준비가 되면 드디어 대장정에 오르리라. 그 어미도 나처럼 슬픔이 양념처럼 곁들인 행복한 눈물을 흘리려나. 나의 영역을 침범해서 단내 풍기는 복숭아를 훔칠 때마다 앙큼하다고 모진 말 매를 주었는데.

 내가 둥지를 틀고 고만고만한 새끼들을 품고 있을 때가 그맘때였을까. 알콩달콩 살아오던 날들이 눈에 선하다. 그때는 몰랐는데 얼마나 행복한 시간들이었는지 황혼 길에야 깨닫는다. 아이들이 하나둘 떠날 때마다 어머니처럼 나도 눈물 한 동이는 흘렸다. 이제 빈 둥지의 공허감도 무디어지고 떠나는 것이 이별이 아님을, 슬픔노 아님을 짐작하는 나이가 되었다. 영원한 이별이라 여겼던 어머니와 소중한 인연들도 또 다른 무엇으로 돌아와 함께 숨 쉬고 있음을, 생각해 보니 우리는 우주라는 큰 둥지 안에서 함께 살고 있음을, 그 안에서 언제나 하나였음을 알 것도 같다.

 둥지는 고차원적 산실이다. 그것이 마음에 있든 우듬지에 있든 마당에 있든 또는 더 크거나 더 작거나 하는 인간이 정한 가치의 개념을 버리면 신성하지 않은 것이 없다. 태어나고, 번성하고, 진화하고, 소멸하는 섭리가 존재하는 총체적 공간이며 그곳이 바로 우주이기 때문이다.

둥지를 트는 일은 고귀한 작업이다. 그래서 맹모삼천지교를 배운 적 없는 산까치의 본능적 행위에 감동하고 맹모삼천지교를 거울 삼아 둥지를 찾아 나서는 사람의 순순한 가슴에 감동한다.

오랜만에 주위를 둘러보았다. 둥지는 내 안에도, 잡초밭에도, 봉당 밑 견 서방에게도, 뒷간에도 아니 천지사방에 온통 둥지를 틀고 사는 생명으로 부산하고 또 부산했다. 그 엄연한 사실에 또 한 번 감동하였다.

4
바람아, 바람아

바람아, 바람아

　황소바람이 빼꼼 열어 놓은 대문을 박차고 뛰어들어 온다. 마당을 가로질러 빨랫줄을 붙잡고 늘어지더니 순식간에 쥐똥나무 가지를 흔들고는 달아난다. 엉겁결에 빨랫줄에 걸린 옷가지가 땅으로 나뒹굴고 고쟁이가 만국기처럼 휘날린다. 옆에 있던 이가 혀를 찬다.
　"원, 참- 바람도."
　나도 뒤통수에 대고 한마디 거든다.
　"원 개구쟁이 같은 녀석….”
　천방지축 골목대장이 수월찮은 제 졸개들 거느리고 널어놓은 먹거리 냅다 들고 달아나던 모습 같아서 웃는다. 바람 소리 내며 동네를 누비던 골목대장과 졸개들, 세월 저 너머에 파편처럼 널려 있는 한 조각의 기억이다.

저만치 달아나던 녀석이 들녘에도 누비고 다닌다. 고개 숙인 나락 사이로, 고소한 들깻잎 사이로, 푸른 기 덜 가신 늙은 호박 잔등으로 설레발치며 돌아다닌다. 가을볕을 놓칠까 봐 천둥벌거숭이로 설치고 다니며 밭두렁 논두렁에서 소리소리 지른다. 지천에 널린 가을볕을 데리고 서둘러 숲으로도 달려갈 기세다.

"원, 제 할 일도 아닌 성싶은데 오지랖도 넓다."

치맛자락 건들던 꽃바람이 여름을 타더니 가을이 들며 철들었나 보다.

왕숙이 아버지 가슴에 들었던 바람은 무슨 바람이었을까. 두서없는 왜 바람인가, 갑자기 들이닥친 벼락바람인가. 역마살이 끼어서 아내를 독수공방시키더니, 그것도 과분하다고 딴 살림 차려 나갔다. 바람에 걸려 넘어지더니 온 인생을 바람이 되어 떠돌았다. 제 버릇 남 못 주고 철철이 도진 역마살에 평생을 떠돌다 칠십 중반에 오갈 데가 없다.

곰살맞은 지어미의 눈빛이 그립고 새끼들의 살뜰한 한마디와 손자의 재롱이 그립다. 가솔들 둘러앉아 저녁상 받는 이씨가 부럽고 자식 장가보낸다고 청첩장 돌리는 박씨가 부러워 애먼 술잔만 비운다. 외로운 잠과 서글픈 밥을 먹고 후회로 돌아본 세월에 눈물이 나는데 덩그러니 앉은 단칸방이 한없이 넓기만 하다.

어느 아들딸도 함께 살자 나서는 자식이 없다. 어느 자식에게도 의지할 염치가 없다. 겨울을 잡도리한 그들 방안에서 웃음소리가 넘치는데 30촉 전구에서 흘러나오는 온기에 무정한 담벼락만 쓰다듬다 회한의 눈물로 돌아선다.

왕숙이 아버지는 객기 부린 죗값으로 혼자 산다. 사람들은 바람 먹고 구름 똥 싸던 그 양반을 일러 풍객이라 한다. 볼 때마다 "말똥 싸지." 하고 말하고 싶은데 짐짓 반가운 듯 인사를 한다. 서글픈 신세 더 무참해질까 싶어서다.

어머니의 세월을 보았기에, 아버지의 부재를 뼈저리게 겪어냈기에 자식들의 마음은 쉬이 열리질 않는다. 어떤 이는 저를 있게 한 핏줄인데 무정하냐고 말하고 노인들은 불쌍놈 같은 자식들이라 나무라지만, 뿌리 깊은 상처는 쉬이 아물지 않는다. 서늘한 자식들의 눈빛에 오금이 저려도, 더 늦기 전에 가엾은 왕숙이 아버지는 집으로 돌아가고픈 바람에 가슴이 탄다. 조급한 마음은 조강지처가 있는 대문 앞에서 하염없이 서성인다.

왕숙이 어머니도 지아비 그늘에서 자식 낳고 알콩달콩 살아 본 겨우 몇 해가 보석처럼 가슴에 박혔을까. 한때는 눈도 마음도 동구 밖에 두었다. 낮에는 낯짝이 부끄러워 오밤중에라도

"이녁- 나요."

슬그머니 대문 열고 들어설까 싶어 걸어놓은 문고리에 마음도 걸

어두었다. 눈물 밥을, 지새운 밤을 어찌 손으로 꼽을까. 죽어 거적때기에 싸여 와도 돌아보지 않겠다고 작심했었다. 그 아내가 요즘 들어 속이 제 속이 아니다. 꼴이 가엾다고 눈길을 준다. 이제는 분한 마음도 사그라지고 미운 정도 정이라고 받아들이고 싶은데 자식들의 노발대발이 무서워 눈치만 살핀다. 아랫마을 날건달 김씨도 늙으니 자식들이 거두었다는데.

 혹, 철면피한 면상으로 오늘은 들이닥치려나. 지어미의 미련이 칼바람 부는 대문에 머물고 있다.

 산으로 들로 오지랖 넓어 휘젓고 다녀도 좋다. 아서라, 부디 억장 무너질 벼락바람 소리로 사람의 가슴엘랑은 찾아들지 말거라.

 바람아, 바람아.

화해의 초대장

　두 번째 풍파가 밀어닥쳤을 때 우리 부부는 정신을 차릴 수가 없었다. 몇 년 동안 미역국은 소태같이 쓰고 억지로 먹는 밥은 속을 훑어 내렸다. 삶의 그래프가 요동칠 때마다 나는 심한 오한을 느꼈다.
　예순 번째 생일날 달콤한 미역국을 먹었다. 남편이 36년의 독재를 내려놓고 사랑하며 살자 하더니 미역국을 끓인다. 화해의 초대장이다. 넌지시 넘겨다보니 진국을 우려낸다며 고기를 삶는데 핏물과 기름기가 빠져나와 구정물처럼 뿌옇다. 한번 수루루 끓였다 버리고 새 물을 부어야 한다고 말해 줄 걸…. 다시마 몇 조각을 넣었더니 말갛게 걸러졌다. 내 혈관 속에 엉겨 붙어 순환을 방해하던 기름 덩이와 숨어든 바이러스가 술렁거린다. '그래, 바로 이거였구나. 저 사람도 세월이란 필터에 저렇게 걸러진 것이야.' 모든 걸림돌과 제약을 뛰어넘은 통쾌한 승리이다.

　헐떡거리던 숨을 가라앉히고, 생의 둔덕에 앉아 햇살을 받으며 여유의 찬과 함께 먹었다. 돌아보니 먹구름은 이유가 있었다. 놓쳐버린 것들은 상실이 아니라 더 큰 것을 위한 신의 사랑 법에 무의식의 내가 부응한 것이다.

　이 평화로운 일상과는 달리 가끔 마음에 분란이 인다. 치유 불량인 채로 남아 있던 생채기가 뜬금없이 들썩대고 알 수 없는 허전함에 허기가 지는 날이 있다. 그런 날은 쓸데없이 냉장고 문 여닫고 단 음식과 탄수화물로 허기를 채우는데 잠자리에 들면 속없는 포만으로 공허함이 뼛속 깊이 파고든다. 이 일상의 평화마저 겁탈당하기 전에 내 혈관 속의 바이러스를 걸러내어야 할 때가 온 것 같다. 실오라기도 걸치지 않은 푸른 혈액이 온몸을 돌면 내적 평화도 맛보게 되리라.

　그녀가 늦은 오후에 공기청정기 필터를 교체하러 왔다. 언제 보아도 톡톡 튀는 그녀의 언어와 환한 웃음이 마음에 든다. 마음에 묵은 것을 많이 가지고 있는 나는 기기가 감당할 용량을 불신하는데 그녀는 누누이 청정기의 능력을 강조한다. 탁한 공기는 새 필터를 통해 시나브로 걸러지고 후두염으로 거칠어진 내 호흡도 잦아들 것이다. 교체 주기는 60일이다.

　사람의 60년도 전환이 필요한 주기일까. 마음이 시끄러운 것은 내 안의 필터가 실증과 허증을 오가며 방전이 되어버린 탓일 거다. 필터링이 필요하다. 에너지 보존 법칙에 따라 육신은 물론 정서적 허기를 뿌듯하게 채우다 보면 자동충전으로 잡다한 바이러스는 모두 걸러질 것이다.

　낯가림 심한 구두를 꺼내어 보송하게 닦았다. 난해한 속을 들킬까봐 얼굴에 분을 바르고 눈여겨보았던 7번가를 찾아들었다. 그곳엔 사고의 의관을 갖춘 선비가 사람들의 욕구에 부응하고 화석이 되어버린 가슴을 건네받은 노익장은 호흡을 가다듬고 있었다.

　이 풍경들이 후끈한 열감으로 내 삶을 비집고 들어왔다. 급체로 속이 울렁거리고 소화되지 못한 언어들이 머릿속에 나뒹군다. '나'를 찾아 떠나는 초행길에 합류한 동지들의 눈빛이 웅숭깊다. 미맹을 깨우는 소리와 '나'를 찾아 헤매는 아우성은 점점 커지고 내가 죽어야 내가 산다는 비범한 진리와 잠깐이나마 타협하기에 이르렀다. 죽어 널브러진 나의 부음이 어렴풋이 들리는 듯하다.

　한술 밥은 금방 배를 부르게 할 수는 없지만, 안도감과 함께 허기를 가시게 하는 마력이 있다. 시간이 흐르면 내 혈관 속의 잡동사니들이 필터를 통하여 시나브로 걸러지고 푸른 핏빛이 온몸을 돌아 못다 채운 허기가 포만에 들리라. 시간은 짧고 가야 할 길은 아득한데 그곳에 가면 정겨운 이가 호롱불을 들고 서 있다. '그대를 위함'

이라는 팻말을 달고 있다. 희망이라는 그를 사랑한다.

    예순 번째 미역국은 그가 내게, 내가 나에게 건네준 화해의 초대장이었다.

보편적 가치

　무게가 버거워서 기운 것일까. 어깨에는 검불이 삶의 파편처럼 겹겹이 쌓였고 목에는 검버섯이 피었다. 바람을 타고 날아가던 풀씨가 머물러 싹을 틔우고 움푹 파인 옆구리에 터를 잡은 작은 생명이 분주히 들락거린다. 근기도 없을 것 같은데 봄이면 무게 있는 잎이 돋는다. 이끼가 초록 에너지를 품고 그에게로 가서 꽃이 되었다. 평화로운 일상이 참 아름답다.
　이끼가 온몸을 덮고 있는 고목을 언뜻 보면 초록 비단을 휘감고 청춘을 꿈꾸는 욕망으로 보인다. 하지만 다시 보면 찬란했던 세월을 내려놓고 육신까지도 내어주는 비움의 덕이다. 하늘 높은 줄 모르던 교만은 간데없고 스스로 이끼가 되어 꽃을 피웠다. 푸르게 번져가는 백발의 지혜가 더없이 아름답다.

산과 들의 습지나 구중중한 골목으로 지나가다 보면 요소요소에 이끼의 푸근한 정감을 보았을 거다. 별 가치 없는 식물이라 외면당하기 일쑤인데 보자고 마음먹었더니 달리 보인다. 꽃이 아니니 아름다움이나 화려함도 없고 나무는 더더욱 아니라 오르고자 애쓰지 않는다. 다만 낮은 곳에서 보편적 가치를 발하는데 교만을 찾아볼 수 없다.

자세히 들여다보았다. 가는 대궁 끝에 제 꽃을 피웠다. 꽃인 줄 알았는데 포자낭이다. 산달이 가까웠는지 불룩한 배를 내밀고 있다. 꽃이 피어야 열매도 맺는 법인데 원칙을 배제하고 열매를 맺었으니 진화하지 못한 부실함인지 내실을 기한 탁월한 선택인지 알 수가 없다. 꽃이 피어야 열매를 맺는 절대 원칙은 없으니 비범한 능력으로 보인다. 날아가던 새가 내려와 보고 갈 것 같더니, 나풀거리던 나비가 호기심에 기웃댈 것 같더니 어느 사이 이끼 다발 위로 개미 한 마리가 허발하다.

껄끄러운 습지와 숲속 우울한 나무와 젖은 바위에 단순무식하게 엉겨 있기에 의지처가 없으면 살지 못하는 궁색한 풀이려니 했다. 오종종 모여 앉은 모습이 앙증맞은 아기 뺨치고 자꾸 뜯어보면 새뜻하기 짝이 없다. 폭포나 계곡물이 흐르는 근처에는 군락을 이루어 무성한데 응집한 에너지가 만만치 않다. 색깔은 분명하다. 흔히 볼 수 있어 헤퍼 보이지만 밉지 않다. 되레 아름다운 이유는 선뜻 마음 가지 않는 음지를 마다하지 않고 초록으로 채색하기 때문이다. 마음먹고 들여다보라. 그리 아름다운 꽃도 드물다.

태백산을 오르니 오래된 주목이 듬성듬성 산지기로 서 있다. 더 디 크는 주목이 저 나이가 되려면 영산은 또 얼마나 많은 세월을 감당하고 살았을까. 고사목은 천년 지기 바람을 불러 산으로 돌아가고 있다. 능선에서 살아온 세월도 길고 힘들었지만, 돌아가는 길도 만만치 않다. 산은 인내와 느림의 철학으로 숲을 키웠던가. 살아 천년 죽어 천년 주목은 영령이 되어서도 산을 지키고 있다.

태백 영산에는 오랜 시간과 시간을 잊은 고목만 존재하는 줄 알았다. 까마득히 더 오랜 시간을 품은 초록 이끼가 모성처럼 바탕을 이루고 있다. 나무는 물론 구석구석 허선한 곳과 바윗돌에노 다복하게 피었다. 바위는 꽃이 피었으니 허장성세를 부리지만, 이끼는 높고 낮음도 잘남과 못남도 따지지 않는다. 알음알음 음지를 찾아 생기를 주고 묵묵히 숲을 정화하고 있다. 한때 호걸이었던 고목 등걸에 걸터앉아 쉬어 가렸더니 전신에 핀 초록 꽃이 아서라, 손사래를 친다.

이끼는 인간보다 더 오랜 역사를 가졌음에도 진화하지 않았다. 나는 그 순전함에 반한다. 수십 억 년 숨 가빴을 와중에도 본래 저를 잃지 않았으니 희귀하다. 순전하니 결코 만만치 않은 존재다. 끝없이 진화해 온 인간은 흔적으로 공룡의 존재를 알아내었지만,

이끼는 숲을 누비던 공룡의 울음소리를 기억하고 있을 거다. 소멸과 생성의 틈바구니에서 첫 사람의 생겨남도 지켜보았고 첨예한 대립과 발전도 지켜보았으리라. 초록 이끼를 바탕으로 숲이 생겨나고 꽃물은 더욱 선명해지고 나무는 높이 올라갔다. 이 아름다운 은화식물은 우울한 땅에서 사려 깊은 안목과 진중한 처세술로 빛을 발하고 있다.

우리는 평범함 속에서 번뜩이는 존재감을 발견할 때 그 위력에 놀라움을 금치 못한다. 평범은 보통에 불과해서 예사롭고 개성도 색깔도 없다 말하지만, 내재한 힘이 터져 나오면 왕후장상도 고개를 꺾는 수가 있다. 유사시에는 그 위력이 존재감으로 하늘을 찌르는데 밤낮을 울리는 저 쩌렁쩌렁한 촛불의 함성과 동학군의 깃발이 그 좋은 예다.

세상은 빨강으로 도색한 꽃들의 천지가 아니다. 꽃이야 당연히 예쁘지만, 초록이 그로 인해 배제될까 걱정스럽다. 꽃이 아름다운 이유는 초록에 있지 않은가.

경계의 바람소리가 들렸다. 허무맹랑한 겉치레로 속임수를 쓰다 불현듯 회오리바람 불어 추락하는 저 난해한 꽃잎, 꽃잎들….

그 파탄지경이 추하기 짝이 없다.

정작 버릴 것은

   그 애물단지가 아예 바람을 풀지 못해 몸만 잔뜩 달았다. 그래서 버렸다.
   이별하자 며칠 사이에 바람이 선선하다. 남편의 고집으로 창고에서 두 계절을 난 물건이다. 개비할 때가 한참 지나 요 몇 년은 바람조차 낡아 눈엣가시였다.
   선풍기가 그의 손에 이끌려 들어온다. 버리는 것 꽤 좋아한다고 타박을 하며 붙들고 앉는다. 물러서면 체면이 아니고 기술이 궁색하니 방법이 없는지라 기름을 쳐야겠다고 서랍을 뒤진다. 나는 퉁해서 버리자고 고집을 피우고 그는 정색한다. 수리공의 땀이 헛되지 않았는지 선풍기가 다시 돈다. 돌기는 하는데 술 취한 걸음이다. 두고 보자는 심술이 슬슬 올라왔다.

　외출했다가 땀범벅으로 돌아와 선풍기를 켰더니 그 생기는 어디 가고 명이 촌각에 달렸다. 세월 이기는 장사는 없는 법이라고 툴툴거리며 멀찌감치 내다버렸다. 티격태격 언쟁이 오가다 또 나의 낭비벽을 운운한다.

　버릴 물건을 두고 옥신각신하는 일이 다반사다. 마냥 붙들고만 있다고 좋은 것은 아니라며 고집을 피우다가 남편의 자린고비 정신과 싸우는 것이다. 창고에는 쓰임새가 있을 거라고 가져다 놓은 것들이 만물상처럼 차려져 있다. 실은 만년구짜인 물건도 더러 있는데 정리를 해놓고 필요할 때마다 꺼내 쓴다. 그럴 때마다 '그것 봐!' 라고 나를 핀잔하는 눈빛이다. 나는 그에게서 늘 어머니를 본다. 친정어머니 역시 밥 한 톨을 귀히 여기시는 분인데 나는 아닌가?

　오사리잡것을 집 안에 채우고 그것도 모자라 집 밖까지 가득 채운 사람을 보았다. 버리지 못할 무엇이 그토록 가슴에 쌓여 있는 걸까. 채워야만 숨을 쉴 수 있는 그의 강박증은 무슨 사연에서 비롯하였을까. 보고 있으려니 안타깝고 가슴이 답답했다. 어느 날 이웃의 도움으로 씻은 듯 부신 듯 말끔히 정리된 날, 비워내는 방법을 이제야 깨달았다는 듯 환하게 웃었다. 부질없는 욕구가 스러졌으니 그의 내일은 적어도 한 박자 늦추어진 걸음으로 시작하리라.

남편의 건강한 절약 정신을 나보다 한 수 위라 인정하기로 했다. 나도 낭비벽은 아닌 것이 아들을 낳고 샀던 6단 서랍장은 34년째 사용 중이다. 탈이 없는 자잘한 물건들도 유행 따라 개비할 법도 하지만, 함께 살아온 정인처럼 편해서 버리지 못하고 있다. 나를 나무라는 괘씸한 처사를 받아들이기가 거북하다.

버릴 물건도 기발하게 쓰임새를 만들어 내는 시어머니와 친정어머니의 기준에서 보면 그른 말은 아니다. 관점에 따라 나는 낭비벽이고 남편은 근검절약이다. 나는 탁월한 선택이고 두 분은 청승이다. 굳이 선풍기를 끌어안은 남편도 청승이다. 그렇다고 모두 잘은 꼽재기는 아니다.

이 사건을 모르는 어머니, 텔레비전을 보시다가 넘쳐서 귀함을 모르는 세태를 두고 일침을 놓는다.

"복도 방정을 떨면 언젠가는 아픈 법이여." 가슴이 뜨끔했다.

비극의 역사와 남루한 시대, 아무리 그악스럽게 살아도 맹물로 배 채운 어미와 아들이 있었으니 그 서러움이 빚어낸 절약 정신을 어찌 청승이라 몰아붙이겠는가. 결코 비난하는 것은 아니다. 어머니를 본받은 아들의 생활방식을 청승이라고 나무란다면 험난한 세월을 억척스레 살아오신 그분들께 누를 범 하는 일이다. 그분들이 세운 발판 위에 우리가 서 있지 않은가. 그토록 채우고자 애면글면한 그 분도 어머니의 남루한 세월을 함께 살아온 사연 많은 동지는 아니었을까.

우리 어머니, 정작 마음은 비워두셨다. 쓸모없는 감정들을 그득하게 채워놓고 변명으로 전전긍긍하는 나보다, 한 세기를 살아오신 어머니의 승화된 언어는 감칠맛이 난다. 나도 더 살아내면 닮아가려나. 어머니를 닮은 아들과 아들을 닮아가는 아이들이 있는 한 버려야 할 것과 버려서는 아니 되는 것의 구분이 정리해 놓은 물건들처럼 질서가 잡히리라 믿는다.

나, 알고 보니 정작 버릴 것은 내 안에 있는데 틀어쥐고 전쟁 중이다.

마수걸이와 덤

우리 부부는 장에 가는 것을 좋아한다.

오일장은 물론 무싯날에 서는 난장도 즐겨 찾는다.

진부한 듯 보이지만 우리 것에 애정이 가고 사람 냄새 물씬 나서 좋아한다. 뭉근하게 끓어오르는 된장국처럼 소박하고 새록새록 고향 냄새가 난다. 사야 할 물건도 없는데 살 것이 많아지고 어느새 손에는 추억의 물건들이 주렁주렁 매달려 있다.

고향은 빛바랜 무채색, 이제 감정 이입된 피사체에 불과하다. 부쩍 그때 그곳으로 돌아가고 싶은 마음 간절해진다. 그런 내게 장터는 향수를 파는 곳이다.

촌스러워서 정겹고 재미있는 풍경이 많다. 난전 골목, 소도록하게 담긴 남새의 풋풋한 민낯은 시골 처녀 분이를 닮았다. 그래서인가, 때 빼고 광내어 곱게 포장한 남새는 왠지 불순물이 섞여 있지 않을까 하고 의심을 하고 본다. 더구나 대형마트에 가면 강한 불빛을 쏘아 구매욕을 일으키는데 상술이 빚어낸 속임수가 보여 오히려 구매욕이 떨어져 버린다. 분첩으로 마무리하고 벤지 바른 분이가 미스 김이 되는 모습을 상상하기도 한다.

촌로의 유일한 매물은 푸성귀 한 자루, 떡장수, 두부 장수, 바퀴벌레 약장수, 닭집에서 홰치는 소리, 뻥이요. 왁자한 난장에서 쿵쾅거리는 맥박 소리가 허벌나게 들린다. 이 역동적 삶의 현장에 들어서면 거부할 수 없는 에너지로 살맛이 난다. 사는 재미가 없을 때 시장엘 가보라던 누군가도 덤으로 희망을 얻어 간 경험이 있을 거다.

장터에 가면 원칙은 아니어도 지켜야 할 것이 있다. 장사꾼에게 마수걸이는 불문율 같은 것이다. 새벽 장에 갔다가 된통 싫은 소리를 들었다. 물건을 두고 흥정을 하다 돌아서는데 뒤통수에 강한 펀치를 맞은 기분이다.

"사지도 않을 걸 값은 왜 물어보냐고. 재수 없게 마수도 못 했는데."

미처 배려 못 한 나도 나이지만, 물건을 파는 사람은 사는 사람의 마음을 사는 것이다. 그는 기대해도 좋을 다음까지 놓쳐버렸다. 말 한마디에 정 나는 것을, 불쾌하기 짝이 없었다. 걷다가 곰곰 생각하니 서운한 마음은 내 입장이다. 그에게 마수걸이는 절절한 생활의 희망일터, 시작이 좋았으면 종일 흥감스레 장사를 할 터인데 나로 인해 하루를 망치지 않았을까 싶어 미안했다. 불쾌감을 내려놓고 이내 마음을 돌렸는데 이 또한 흐벅진 시장의 분위기 탓이리라.

  마수걸이 위력은 대단하다. 경기장에서도 선제골로 마수걸이를 하면 연이어 점수를 따내고 그날의 승리를 장담하기도 한다. 세상에 나가서 드높은 기상을 날리는 자랑스러운 우리의 추신수가 마수걸이에서 만루까지 홈런을 날려 오면 우리는 여기서 덤으로 무한한 즐거움을 얻는다. 동네 앞 옷가게와 미용실은 유동인구가 적어 늘 한산한 편인데 아침에 마수걸이를 하는 날은 기대에 부풀어 있다. 우연인지 필연인지 그런 날은 마수걸이 덕을 톡톡히 보았다고 환하게 웃는데 샐리의 법칙을 경험한 사람들은 그 신념으로 대박 나기노 할 것이다.

  시작의 힘은 어떤 이의 인생을 좌지우지하기도 한다. 출발이 여의치 못하면 더러는 머피의 법칙처럼 나날이 도산해가는 절망스러운 삶이 이어진다. 누군가에게 그 이유를 떠넘기고 금수저 물고 태어난 사람의 준비된 출발을 못내 부러워하지만, 장터에도 변수가 있듯 인생도 수학 공식처럼 명쾌한 답만 있는 것은 아니다.

  덤은 내 입장이다, 한 줌 덥석 집어 건네주며 고마움을 표현하는 이와, 받는 이가 모두 즐거운 것이 덤이다. 덤이라는 소소한 물건에 연연하는 것이 아니라 삭막해진 세상 한줌 내어주는 정에 즐거워지는 것이다. 덤을 달라고 하면 칼같이 자르는 이가 있다. 직선적인 그녀는 물건과 가격의 균형을 맞춰놓고 소신껏 장사할 테고 그녀의 삶도 그러려니 한다. 조금 덜 놓고 덤으로 인심을 쓰는 이도 있다. 약은 수가 애교로 보이는 것은 상대를 즐겁게 하는 유머가 있을 것 같기 때문이다. 더러는 손해인 줄 알면서 듬뿍 건네는 이도 있다. 베풀지 않으면 몸살이 나는 사람일 거다. 혹 그 자리에 앉으면 나는 어떤 유형이 될까. 더도 말고 장터에서도, 인생에서도 덤 같은 사람이 되고 싶다.

마수걸이는 느낌 좋은 시작이요, 덤은 횡재 같은 즐거움이다. 그가 어제부터 기대했을 오늘, 내일을 위한 간절한 시작에 내가 초를 쳤으니 미안해진다. 내일은 푸짐한 마수걸이를 해 주어야겠다. 덤을 달라고도 해볼까?

돌아보니 내 인생도 마수걸이와 덤으로 점철된 시간이었다. 신은 내 시작을 알몸뚱이로 던져놓고 때맞추어 덤을 주셨다. 나를 위해 있는 것은 모두가 덤, 생각을 바꾸면 우리를 즐겁게 하는 덤이 무진하다.

활개 돋친 듯 세계로 뻗어 나가는 우리의 경제시장도 작은 장마당 마수걸이와 덤으로부터 출발하였다. 그러고 보면 내 고향 장터도 불같이 일어났던 시장경제에 한몫 단단히 하였음은 물론 세계 경제 발전에도 이바지한 셈이다.

향수를 파는 장터에 가면 희망을 주는 마수걸이도 있고 즐거움을 얻는 덤도 있다.

흔적을 붙들고

   바람이 빈 들에서 하릴없이 놀아난다. 가으내 동동거리더니 동면의 계절엔 할 일이 없는 게다. 곱게라도 놀든지 찬기는 왜 몰고 와 심술인지, 내리던 비도 싸락눈으로 후드득거린다.
   그때 겨울에는 장판이 꺼멓게 익은 아랫목에 배를 깔고 책 한 권 펼쳐 들었다. 줄기차게 궁금증을 쫓아가다 졸음 오면 등이 후끈거리도록 달게 자고, 출출하면 아궁이에 묻어 둔 고구마로 배 채우고, 도로 누워 몽상에 들고, 그래도 심심하면 까치 우짖는 회색 하늘 올려다보았다. 문풍지 파르르 떨던 섣달 사나흘께 매칼없이 방문을 여닫던 추억이 마음의 갈피 속에 들어있다.

바람도 나도 한가한 겨울의 중턱에 머물러 있다. 아랫목도 윗목도 없는 방 침대에서 책을 펴고 엎드렸더니 암만해도 그 기분이 나지 않는다. 뜨끈한 아랫목이 그립다.

아들에게서 '무작정 여행'이 어떠냐고 전화가 왔다. 저도 이 겨울의 정적에 무기력해진 걸까. 이 짬에 고향 집을 다녀오자고 불각시리 마음이 동하였다. 청주로 시집온 지 10여 년은 일 년에 한 번, 어떤 때는 이 년에 한 번 친정 나들이를 하였다. 명절 나들이는 꿈도 못 꾼 것이 차례상 물리기도 전에 손님이 들이닥쳤다. 그 와중에 친정 나들이가 어인 말이냐고 하던 시대를 살았고 아이 셋을 낳아도 어머니가 끓여주신 미역국은 먹어보지 못하였다. 그래선지 모녀 상봉은 애틋했다. 밤을 잊고 이야기를 하다 보면 어느새 새벽닭이 울고, 어린 딸이 행여 힘든가 싶어 눈 멀어 3년, 벙어리 3년 살다 보면 세월이 간다고 다독거리셨다. 지금은 아침에 떠나면 고향에서 이른 점심을 먹을 수 있는데 기다려주는 어머니가 아니 계신다.

고향 집의 어지러운 정경에 눈물이 난다. 깨진 항아리 조각과 내려앉은 서까래, 뒤틀린 문짝에 남은 문풍지가 바람에 갈갈거린다. 이끼 수북한 돌담과 구실을 잃어버린 아궁이가 나를 맞는다. 백 년을 내다보던 감나무도 참 많이 늙었다. 1년 새경을 미리 받고 머슴살이 왔던 아재가 흥감스레 누렁소 엉덩짝을 후려치던 소리가 들리는 듯한데 그 논과 밭은 성성한 풀숲이 되었다. 산 같은 아버지의 바짓가랑이를 붙들고, 그런 새끼들을 위해 아버지가 애면글면하셨던 곳이다.

  오늘 같은 날 배를 깔고 누웠던 아랫목과 고구마 익는 아궁이와 회색 하늘을 물고 우짖던 까치가 시공을 넘어와 나를 반긴다. 아, 언젠가는 이 그리운 흔적들조차 모두 사라지고, 나도 사라지고, 이야기도 사라지면 저기 윗배미 다랑논이 풀숲이 되었듯이 새들이 찾아들고 풀벌레 기웃대는 숲으로 남을 테지.

  우물을 들여다보다 눈물 한 점 떨어진다. 그리움이다. 우물 안은 사람 손을 탄 지 오래, 풀 잎사귀 유들지고 물이끼는 푸른 핏빛처럼 선명하다. 지금도 변함없이 솟아오르는 정화수는 아마도 놓고 가신 어머니의 염원이리. 천년을 갈 것처럼 시멘트로 담을 올렸던 아버지는 백 년도 못살고 가셨지만, 우물은 여전히 굳건하다. 두레박으로 물을 퍼 올려 잡초에다 훠이훠이 뿌렸다. '부디 너희라노 무성하거라.'

  잿빛 하늘을 거스르고 막 부슬비가 그쳤다. 아궁이가 식어버린 지 오래, 등 붙일 방은 없지만 시름없는 평온이 느껴진다. 인연과 시간과의 이별은 어쩔 수 없어도 추억은 내 것이다. 다시 오리라. 돌아서는 꼭뒤로 어머니의 목소리가 들려온다.

  '인자 가모, 언제 또 올끼고…'

부메랑

　사실 고라니나 노루, 산토끼의 피해는 농부들이 흔히 겪던 일이다. 고 작은 입으로 오물오물 새순만 똑 따먹고 가는 녀석들이나 해바라기 여문 씨알을 반타작해 가는 까치도 그러려니 한다. 개체 수가 늘다 보니 울타리를 치고 신경전을 벌이기는 해도 얄미운 이웃 정도이다.

　가덕도의 멧돼지 열한 마리가 제 영역을 이탈해서 소동을 일으켰다. 총알이 심장을 뚫고 치도곤을 당할지라도 무릅쓰고 나선 절박함이리라. 바다를 헤엄쳐 뭍에 도착한 산적들의 소동으로 난데없는 전쟁을 치렀다. 열한 마리 중 네 마리는 어미였는데 부르기만 해도 가슴 에이는 우리의 어머니 같은 어미였을 거다. 다섯 시간에 걸친 멧돼지의 사투는 패배로 끝나고 모두 사살되었다. 인간의 승전보와 함께 나란히 누운 주검들은 SF 영화를 보는 듯 장렬했다. 위험한 약탈자의 누명을 쓰고 주검이 되어 누운 그들을 보며 일말의 가책을 느낀다.

  천적이 사라진 멧돼지의 횡포는 공포스럽다. 이 무법자는 고구마 밭 한 떼기를 밤사이 해치우는 일은 예사이고 시골 민가는 물론 벌건 대낮에 도심에 출몰하여 사람을 혼비백산하게 한다. 제 영역에서 내몰린 멧돼지의 횡포는 궁여지책이라 울분을 참지 못한 동학군처럼 떼 지어 들이닥치면 도시 전체가 공포의 도가니가 될지도 모른다.

  산중 짐승들이 인간의 영역에 자주 출몰하는 기현상이 벌어지고 있다. 고속도로에서도 처참하게 깔려 죽은 고라니를 자주 본다. 형체를 알기 어려워서 그렇지 청설모의 희생도 부지기수이다. 어처구니없이 도로에서 횡액을 당하는 그 사실보다 좀 더 근본적인 문제로 들어가면 이미 생태계의 파괴로 지구가 악화 일로를 걷고 있다는 점이다.

  그 후유증으로 우리의 삶이 흔들린다. 햇살이 아무리 좋아도 오염된 공기로 숨쉬기가 곤란하고 허연 마스크가 거리를 배회하는 신종 풍경이 생겨났다. 조만간 집 앞 마트에 산소를 담은 병이 즐비하게 진열될지 모른다. 문명의 쓰레기들이 바다에 섬을 만들고 물고

기의 뱃속에 온통 플라스틱 조각이 들어찼다. 사막화가 된 호수와 숲에 동물들의 사체가 널리고 신발이 없는 아이들이 물동이를 이고 물을 찾아 몇 리를 나서는 일은 오래되었다. 물길은 순환의 법칙을 잃어버리고 엉뚱한 곳에서 소쿠라지다 사납게 흐른다. 그 후환이 정녕 두렵다. 언젠가는 그 여파가 지구 곳곳으로 쓰나미처럼 몰려올 것이다. 아비규환 속에서 방주를 띄우고 우주의 미아로 떠돌지 모른다는 상상을 해 본다. 아주 먼 미래 어느 즈음일 거라는 안일함으로 말이다. 지나친 기우일까.

아이들이 신명나게 부메랑을 날리고 있다. 파란 하늘을 휘감아 되돌아온다. 아이들이 받아 들고 해맑게 웃는 이유는 고스란히 즐거움으로 돌아왔기 때문이다. 어찌 발도 날개도 없는 것이 되돌아올까 생각하다 우리 삶의 복선을 깔고 있는 것 같아 묘하게 마음이 끌렸다.

아득히 먼 원시의 숲에 한 전사가 살았을 거다. 부족을 이끄는 추장이거나 주술사였을 법하다. 그들에게 신성한 숲은 신앙이었고 그들의 낙원이었다. 처음부터 지금껏 예수와 부처의 삶을 살았다니 천혜의 터전에서 오염이라는 억지스러운 단어는 몰랐을 거다. 어느 날 불같이 일어나는 이기적 문명을 보았을 것이다. 숲이 영원하길 간절히 소망하며 아이들에게 청빈의 사냥 법은 물론 그들이 기대어 살아온 숲의 내력을 누누이 들려주었다. 그럼에도 안타까워 매 순간 자각하며 살기를 바람으로 만든 것이 부메랑이 아니었을까. 사냥감을 향해 날렸지만, 분명 그 염원에서 비롯된 소산물이었을 거다. 내게서 나간 것은 내게로 돌아온다는 삶의 이치를 반원에 새겨 넣고 나머지 반원은 후손들이 채워 완성을 이루면 좋겠다는 염원의 도구였을 거다. 그의 불길한 예감은 적중했고 부메랑은 시공을 넘어와 21세기를 날고 있다.

말로 모건의 책 '무탄트 메시지'에 나오는 참사람 부족은 호주 대륙에서 5만 년 이상을 살아왔다. 그 오랜 세월 동안 어떤 숲도 파괴하지 않고, 어떤 강물도 더럽히지 않고, 어떤 동물도 멸종 위기에 빠뜨리지 않고, 어떤 오염 물질도 자연 속에 내놓지 않았다. 그럼에도 풍부한 식량과 안식처를 얻을 수 있었고 그들은 창조적이고 건강한 삶을 오래도록 산 뒤에 영적으로 충만한 상태에서 세상을 떠났다고 했다. 우리가 꿈꾸는 무릉도원이 아니 잃어버린 우리의 낙원이 그러했으리라. 하지만 오염된 지구에 더는 존재하기를 거부한 그 부족이 종족 번식을 멈추었다고 한다. 마지막으로 태어난 아기가 늙어 세상을 떠나면 도태되어버린 여느 동물들처럼 그들은 지구상에서 사라진 종족의 하나로 남을 것이다.

그들은 우리를 무탄트라 부른다. 어떤 변화로 본래의 모습을 상실한 인간이란 뜻이다. 어느 날 돌연, 변이가 되어버린 우리의 모습을 그들은 진정 안타까운 눈으로 바라본다. 그들의 역사가 비극으로 끝난다는 사실 또한 우리에겐 너무 슬픈 일이다. 한줄기 빛처럼 이 땅에 남아 영혼을 울리더니 곧 전설이 되리라.

"마지막 나무가 사라진 뒤에야, 마지막 강물이 더럽혀진 뒤에야, 마지막 물고기가 잡힌 뒤에야 그대들은 깨닫게 되리라. 사람이 돈을 먹고 살 수가 없다는 것을."(크리족 인디언 예언자)

이 메시지를 자꾸 곱씹어 보면 우리는 예외라는 안일함에 젖었다가도 다시금 가슴이 서늘해진다. 또한 낙원을 잃어버린 그들의 절절한 슬픔이 느껴진다. 먼 미래라는 안일함과 설마라는 달콤한 유혹에 빠져 우리는 지구의 내일을 놓치고 있다.

부메랑이 돌아오고 있다. 역습이다. 이 아름다운 땅을 잠식해오는 불길한 소식에도 인간의 오만과 편견은 여전히 날아오른다. 마지막 나무가 호흡을 멈추고 마지막 물고기가 잡힌 뒤에야 깨닫는다면 그 또한 이 땅에서 도태되어야 할 인류의 운명인지도 모른다.

하지만 회복을 시도하는 무탄트의 눈물겨운 노력이 있는 한 부단히 쏘아 올린 희망으로 상쇄되어 버릴 것들이다. 희망이 존재하는 이유이다.

무쇠솥으로 힐링healing을

    녹 때 오른 무쇠솥이 등을 보이고 앉았다. 삶의 의미를 잃어버린 이의 가슴처럼 벌겋게 타들어 가는 모습에 마음이 쓰인다. 마냥 두었다가는 아주 쓸모없게 될까 걱정이고 우리 가족 삶의 방편이 되었던 어머니의 무쇠솥이 생각나서다. 소댕을 열고 요리조리 보고 있으려니 어머니를 보는 듯 고향을 보는 듯 마음이 푸근해진다.

    우리 집 부엌의 으뜸은 무쇠솥이었다. 그 의미의 중요성도 있지만, 태깔도 그랬다. 정지문을 열면 커다란 물 항아리와 질박한 사기그릇과 양은솥이 곁달려 있지만, 눈에 들어오는 것은 반들거리는 무쇠솥이었다. 어머니는 솥을 뜨겁게 달구어 기름옷을 입힌 뒤에 정성으로 닦아내셨는데 종부의 자리를 내어줄 때까지 세월을 두고 닦으셨다. 진정 그 태깔이 무쇠솥의 본질을 숨긴 흑진주 같았다. 사람의 마음도 갈고 닦으면 명경같이 된다는데 그렇듯 당신의 마음도 녹슬지 않게 기름옷을 입혀가며 비방을 하셨는지도 모른다.

목적은 태깔이 아니었다. 식솔들을 위한 애정의 발로이며 가문을 지키고자 하는 종부의 소망이었다. 나도 그래야 할 것 같은 의무감을 느낀다.

저 벌겋게 녹 때 오른 솥을 어찌 닦아낼까. 방법을 찾아 본래의 모습을 찾아내고 조악한 내 마음도 함께 마름질하면 참선으로 다듬어진 선가의 사람처럼 결이 고와지려나.

산기슭에 터를 닦았다. 집을 지을 생각이었는데 여의치 않아 정원을 만들었다. 벌건 생땅이 무얼 심어도 뿌리를 내릴 것 같지 않았다. 소똥 거름을 넣고 땅을 걸게 해서 꽃과 나무를 심었더니 그럴싸한 정원이 되었다. 봄부터 가을까지 바통을 이어받아 꽃이 피고 겨울엔 설화가 만발한다. 남편과 지인들이 그 귀퉁이에 불쑥 가마솥을 갖다 걸었다. 키우던 닭을 잡고 마음이 켕기는지 개는 손해 본 듯 바꿔 와서 도르리를 했다. 그럴 때 보면 비릿한 피 냄새를 즐기는 야성이 보인다. 원시적 DNA가 혈관 속에 녹아들어 그 습성이 세기를 두고 흘러온 것은 아닌지 몰라.

그이들이 도르리를 하는 날은 내 상상이 선사시대를 더듬어간다. 사냥으로 길들여진 우람한 근육에 짐승의 가죽으로 몸을 가리고,

슴베찌르개로 사냥감을 향해 내리꽂았을 것이다. 그날 끼닛거리가 해결되면 만족했고 원시의 땅에서 힐링을 외칠 일은 없었을 거다. 주먹도끼에 힘을 실어 사냥감을 해체하던 모습이 저랬을까. 그러면 젖가슴과 아랫도리만 슬쩍 가린 그녀들이 부싯돌로 불을 지폈을 거다. 날것을 먹던 식성이 채 가시지 않아 핏기 남은 살점을 먹었음 직하고 사냥감을 후리던 전사의 용맹을 즐겨 떠들었을 거다. 그에 앞서 샤먼의 거친 춤사위와 원시적 언어로 감사의 의식을 치렀을 것이다.

  어느날 시들해졌는지 가마솥이 창고행이 되어버렸다. 의미를 잃어버린 솥의 말로를 보는 듯 녹 때가 오르기 시작했다. 불편한 속을 드러냈더니 그깟 것이 그리 중요하냐는 눈치다. 아날로그를 배제하고 디지털 문화의 중심에 선 지금 버튼만 누르면 밥이 되는 세상, 알약 하나로 하루 식사가 해결되는 세상이 올 즈음엔 아마도 흉물스러운 유물로 남을지도 모른다. 그렇더라도 그깟 것이 되어서는 아니 된다. 반도를 지켜온 흔적이요, 여인네들의 암묵적 역사가 담겨있기 때문이다. 거칠고 온기 없는 무쇠솥을 사다 걸고 생명을 불어넣기까지 솥을 닦고 저를 닦았을 테니 속절없는 눈물과 한숨이 배어있고 매서운 정신이 서려 있다.

  이번에는 내 차례다. 정원 귀퉁이에 조립식 미니 하우스를 갖다 놓았다. 언저리에 수세미, 해바라기, 여주를 심었으니 자라면 자연스레 어우러져 그늘을 만들 것이다. 벚나무 그늘을 빌어 들마루도 놓았다. 큰대자로 누워 하늘을 보니 이만한 행복도 없는 듯하다.
 솥의 의미를 찾기로 했다. 어머니의 매운 손끝처럼 저 벌건 녹 때를 닦기 시작했다. 몇 날을 닦아도 제 색을 내기에는 어림이 없어 인내가 필요하고 좌절이 따를지도 모른다. 한 겹 벗겨내는 일이 그리 수월하다면 결과 또한 큰 의미가 되지 못하리라. 그 솥에다 밥을 짓고 피붙이들의 먹성 따져서 푸짐하게 닭도 몇 마리 잡아야겠다. 움막집 식솔들처럼 옹기종기 둘러앉아 원초적 웃음 한번 실컷 웃어보련다. 힐링이 필요한 객이 혹, 문자라도 보내오면 서둘러 밥을 안 쳐야겠다.
 힐링이 별것인가. 올 여름에는 무쇠솥 그 진중한 무게와 은근한 깊이로 가슴 뜨거운 힐링을 해보아야겠다.

5

돌에서 언어를 줍다

달을 만나다

잠결에 뒤척이다 눈을 떴습니다.

달이 창가에 와 있습니다. 반달도 쪽 달도 아닌 휘영청 밝은 보름달입니다. 이 야심한 밤 내 방에 들러 나를 내려다보고 있었나 봅니다. '오랜만이다.' 환하게 웃으며 반깁니다.

언제 뵙고 왔던가, 고향에 계신 어머니가 찾아오신 것 같습니다. 내 오랜 벗이 나를 찾아온 듯도 하여 반갑고 정겹습니다.

먼 시간의 강을 건너 산골 그 언덕에 구성지게 피어오르던 밤의 아리아. 할머니와 어머니의 달이었고 울 언니의 달이었고 가슴앓이하던 열다섯 소녀의 달이 되어 이야기 숨죽이고 들어 주던, 한 사내를 만나 지어미로 거듭나던 날 겨운 행복 기억해 주마 흐드러지던 달입니다.

낮에는 그윽하게 눈빛 내리깔고 하늘을 돌아 밤을 채비하고, 밤으로는 발등 부옇게 걸어올라, 운명처럼 중천에 걸리던 달입니다. 달빛에 피고 지던 박꽃이 어느 날 저를 닮아 놀랍게 바라보던 달. 아니 내 어린 날을 송두리째 보아왔던 그달이 오늘 밤 못 견디게 그리워 찾아왔나 봅니다. 격한 마음으로 나도 끌어안았습니다. 갑자기 파고드는 아릿한 통증, 이 무슨 감정일까요. 흡족하게 표현할 글말을 찾을 수가 없습니다. 적나라한 회고의 시간, 깊은 밤의 충격입니다.

어쩌다 저 달을 놓쳤습니다. 달은 언제나 덩그러니 떠올라 무정한 딸을 기다린 울 어머니같이 나를 내려다보고 있었겠지요. "인내가 여인의 미덕이다, 희생이 어미의 도리다." 그리 살라 다독이며 그리 살다 가신 내 어머니처럼, 일삼아 달포를 걸어 나를 찾아 나섰던가요. 그믐밤엔 어디서 서성이다가 오늘 밤 이렇게 나를 흔들어 깨웠을까요. 반갑고도 야속합니다.

사느라 그 북새통에 달이 뜨는 사실조차 잊어버렸습니다. 진작부터 떠올랐을 저 달을 만났더라면 속엣 말도 한사코 털어놓고 볼 것을, 잃어버린 것이 많았으니 사는 게 그리 헛헛하였던 게지요.

요요寥寥하고 요요耀耀한 달빛입니다.

해는 언제 보아도 강렬하고 눈부신 빛입니다. 시작이요, 희망이며, 열정이고 옹골찬 기개입니다. 언제나 독야청청 중천으로 오릅니다. 그런데 왜 달은 고요하고 외롭고 쓸쓸하고 저리 처연하게도 서러운 빛깔일까요. 빛이되 눈부심은 없고 그럼에도 빛나고, 온화하고 다정함을 지녔을까요.

감정이 복받쳐 마주 보고서면 더 슬프고 더욱 아프고 서러워 그 감정이 배가되는 상황극에 빠집니다. 달이 가지고 있는 속성에 내 감정이 희석되어 결국에는 치유라는 온전함을 만들어 내는, 아무리 보아도 저 달은 어머니의 따스한 가슴입니다. 깨물어 아프지 않은 손가락이 없다던 모성입니다. 오늘 밤도 어느 한쪽 치우치지 않고 휘영청, 다정하고 온화한 미소를 보내고 있습니다.

달은 처음부터 그런 빛깔이 아니었습니다. 분명 진노랑이나 진청색으로 태어났다가 어느새 부채색이 되어버린 겁니다. 여인의 한이, 어미의 색깔이 물들어 바래어 버린 것입니다. 긴 세월 오갈 데 없는 한이 죽어서 그 속에 묻혀 버린 것입니다. 그래서 달은 영원히 서럽고 애달픈 무채색일 수밖에 없습니다.

우리는 여전히 달을 만나고 달빛에 취하고 그 어깨에 기대어 넋두리할 것입니다. 때로는 삭이지 못한 가슴속 응어리를 토해 놓고 꺼이꺼이 울기도 할 것입니다.

달은 그저 묵묵히, 조용히 내 안을 들여다보며 치유의 손길을 내미는 어머니의 다정하고도 아린 가슴이기 때문입니다.

돌에서 언어를 줍다

　흔적만 남은 고향 집에 돌담이 버티고 있다. 담쟁이도 여전히 떼를 쓰며 기어오르고 간간이 참새 떼가 다녀간다. 인동초는 무에 그리 맺힌 게 많은지 꽃으로 울고 있다. 그들의 안간힘이 눈물겹다.
　이끼가 검버섯처럼 피어버린 돌을 주섬주섬 집어왔다. 산골 그 애틋한 고향을 내 삽짝에 옮겨놓고 꿈같은 이야기를 나눈다. 고향 집 돌은 나를 닮아 세련미나 멋스러움이 없다. 촌티가 풀풀 나지만, 우리 집 내력과 희로애락을 고스란히 담고 있어 볼 때마다 정겨움을 느낀다. 까닭 없이 눈물이 나는 날도 있다.
　산을 일구며 모아 둔 돌로 세 번째 탑까지 완성했다. 대추나무 사이로 설핏설핏 보이는 돌탑은 수석의 가치를 능가한다. 그만 돌과 사랑에 빠져버렸다. 하나 둘 줍다 보니 우리 집 마당에 전국구의 돌이 모였다. 개성을 가지고도 조화롭다. 마주하고 있으면 그들의 수런거림이 들려오는 듯하고 명상음악을 들을 때처럼 마음이 평화로워진다.

몇 해를 두고 돌을 하나씩 주워 모을 때는 단순한 호기심이었다. 요즘 와서 푹 빠져버린 이유가 무엇이냐고 물어오는데 그냥 좋아서라고 대답한다. 대답할 말이 없는 것은 아니지만 돌에 대한 내 사랑이 한 가지 이유에 국한되는 것이 싫어서다. 아예 주말마다 행장을 차리고 나선다. 남편도 어느새 즐기는 수준까지 왔다. 돌이 왜 좋으냐고 물었더니 '당신이 돌을 좋아하니 나도 좋고 당신이 즐거워하니 나도 즐겁다.' 라고 대답한다. 어느 날 혼곤히 잠든 아내를 바라보는데 갑자기 목이 메어 오더란다. 산전수전 다 겪어낸 지어미의 흰머리가 가슴에 걸려 눈물이 나더라고 했다. '당신에게 잘할게.' 요즘 와서 그 말을 자주 한다. 말을 아껴야 남자라더니 사랑한다는 말도 자주 한다.

돌의 본디 꼴은 무엇이었을까. 무엇이었든 수천 수억 년 다져진 끝에 돌이 되고 상처가 승화되어 수석이 되었듯이 그도 가시 박힌 삶의 흔적들로 익어가는 것이다. 가시에 찔린 꽃이 진한 향기를 뿜어내듯이 그의 옹골진 주름에서 비로소 향기가 나는 것 같다.

돌밭에 서면 흥분해서 눈이 아프도록 돌을 걸러낸다. 수석의 조건은 무시하고 내가 좋으면 취한다. 일방적이라고 하지만 무늬와 색깔과 생김부터 살피는 이유는 은연중 드러나는 수석에 대한 내 욕심일 것이다. 흔하디흔한 돌에서 행복을 줍는다. 행복의 조건은 대단한 무엇이어야 하는 것은 아닌가 보다.

 수필을 접하고 푹 빠졌을 때처럼 꿈을 꾼다. 꿈에서도 글을 써 내려갔듯이 돌을 찾아 산으로, 강으로 헤매는 꿈을 꾼다. 꿈에서는 항상 마음에 드는 수석을 발견하는데 어떤 날은 수석에서 내뿜는 찬란한 빛으로 황홀경에 빠지기도 한다. 진정, 수석을 줍고 싶은 내 속내가 부끄럽게도 그만 꿈에서 드러나 버린다. 이 또한 집착이 될까 걱정이다.

 처음 눈에 들어왔던 돌이 있다. 하얀 실타래를 풀어 옴짝달싹 못 하도록 칭칭 동여맨 모습이 신기했다. 빼도 박도 못 하는 인연의 사슬에 묶여 그 굴레를 벗어나지 못한 어머니 같고, 나인 것도 같았다. 가끔 물을 뿌리면 까만 돌을 묶고 있는 새하얀 실선들이 선명하게 드러난다. 묶어놓은 실을 되감아 그 굴레에서 완전히 해방된다면 그때도 돌에 의미를 둘 수 있을까. 지난한 어머니의 삶이라서 내 눈에 더욱 빛나 보였듯이, 무미한 돌은 얽어맨 사슬로 특별한 의미를 부여받았다.

 목도리를 한 올빼미도 있다. 부스럼쟁이, 생각하는 병아리, 무희, 아기공룡 둘리, 애벌레와 만삭의 임부도 있다. 이름은 그럴듯한데 주제가 희미한 나의 글처럼 모호하다. 그래도 돌이 좋으니 어쩌랴.

부족해도 수필의 끈을 놓을 수가 없다. 수필로도 수석으로도 깜냥이 되지 못하지만, 스스로 취해서 희열에 빠져있다.

사람멀미에 속이 울렁거리고 말의 소음에 두통이 나는 날이 있다. 사람 안에서 사람을 알아가고 사람에게서 언어를 배우는 것이 자연스러운 일인데 사람을 벗어나 돌밭에 서면 날아갈 듯 가벼움을 느낀다. 결벽증일까.

돌의 언어는 간결하다. 바람과 물살에 승화된 가슴과 무색무취한 산소로 빚어내는 웅숭깊은 언어는 나를 사로잡는다. 사람의 언어도 그랬으면 좋겠다. 돌을 줍는 날은 나의 언어도 돌을 닮아 가는 듯 음전해진다. 붓방아질을 하다가 잡다한 언어로 사설만 늘어놓은 내 글도 언젠가는 돌의 언어처럼 간결해지리라 믿는다. 한 편의 명수필로 내 글에 성성을 씌게 되는 날을 꿈꾼다.

모든 일의 완성을 들여다보니 열정과 눈물과 시간의 결정체로 이루어져 있다. 어렸을 때 어머니는 시루에 떡쌀을 안치고 불을 때기 시작하면 떡이 다 익을 때까지 말문을 닫으셨다. 좀이 쑤셔 어머니 곁을 맴돌면 소리 없는 언어로 나를 내치셨다. 설마 언어의 해악이 떡에까지 미칠까 싶은데 이제야 절절하게 공감한다. 어머니도 나도 떡이 다 익어야 말문을 열었는데 그때처럼 진득한 기다림이 필요하다. 어설픈 내 글이 수필로 격상하는 일도, 돌의 언어를 배우는 일도.

돌을 줍는 일은 신변잡기에 머물러도 좋겠다. 값비싼 수석에 연연하기 시작하면 욕심이 요동칠지도 모른다. 그러면 돌의 순수한 언어마저 그 욕심 안에 매몰되어 버릴까 봐 겁이 난다.

내가 쓰는 글 또한 염려스럽다. 단지 신변잡기에 머물러 나아갈 줄 모른다면 끝내 무지렁이로 남을 테니 말이다. 울퉁불퉁한 돌에서 언어를 줍듯이 삶의 모퉁이에 새겨둔 진정한 언어로 가득 채워졌으면 좋겠다.

더하기와 빼기

　요염한 몸매와 흑진주 같은 피부에 눈빛까지 정열적이다. 가히 요부의 매력을 논할 만하다. 남편은 그미와 인연을 맺더니 한동안 흥분을 가라앉히지 못했다. 보기만 하면 마음이 달아올라 애인을 쓰다듬듯 하고, 멀찌감치 떨어져 있을 때마저 끈끈한 눈길을 보냈다. 이 애정행각을 볼 때마다 나와 흑진주의 우선순위가 잠깐 불분명해져 심술이 날 때가 있다.
　사람들은 자동차를 두고 자존심이라는 둥 애인이라는 둥 말이 많다. 한낱 마차가 진화하더니 그 격이 적반하장이다. 사람의 됨됨이로 격을 따져야 하거늘 마차의 가치로 자존심 세우기에 열심인 사람들이 많다. 마차의 격이 아파트의 시세를 올린다는 망언은 듣느니 처음이다. 남편 역시 거리를 활보하는 당신의 명패쯤으로 여기는 것 같다.

흑진주와 함께한 시간도 십 년을 훌쩍 넘어섰다. 둘은 환상의 궁합이었다. 덜퍽진 뒤태와 실팍한 가슴으로 어떤 어려움과 위험에서도 제 소임을 다했고, 주인을 도와 가난한 살림도 불려주었으니 내 눈에도 미쁘다.

언제부턴가, 남편을 홀렸던 요부의 한결같던 눈빛에 그늘이 들고 살결은 희끗희끗 노인성 반점이 드러난다. 우연만 하면 일 년만 더 견뎌보자고 하여도 슬그머니 새로운 그미에 눈독을 들인다. 풍객의 행색으로 곁눈질하는 모습이 달갑지 않는데 그예 일을 저질렀다.

새로 만난 연인은 은회색 피부에 이국적인 눈매로 세련미가 뚝뚝 떨어진다. 애첩을 어르듯 어루만지며 웃고 있다. "이리 오너라 업고 놀자~ 사랑 사랑 내 사랑이야~" 불쑥 춘향가 한 대목이 떠오른다. 원하는 것을 취하고 행복에 젖었다. 어느 즈음에 가서는 얼굴을 붉히며 '내 이제 너를.' 하고 뒷걸음 칠 것이다.

이 사람, 흑진주를 떼어놓고 오면서 뒤를 돌아본다. 인연을 내려놓으려니 그간의 정이 밟히는 것이다. 자꾸 마음이 켕긴다더니 코가 시큰거린다고 콧등을 문지른다. '이런, 나는 왜 콧등이 시큰거리지?'

버리고 취하는 것에 익숙한 세태에 유난히 더 서운해할 일은 아니다. 채우기보다 비워야 하는 나이가 되니 헛헛한 마음이 사소한 것에도 반응하는 것이다.

그도 나도 황혼에 들었다. 잔뜩 짊어지고 휘청거리던 것들을 내려놓아야 할 때이다. 얄궂은 것이 마음이라 아직도 움켜쥐는 것에만 셈이 빠르다. 비중이 큰 것은 더 놓기가 어려운데 놓아버리면 나 또한 무너질 것 같은 두려움 때문이다. 언제까지 이 무거운 것들로 업을 지을는지 모르겠지만, 단바람에 내려놓기란 결코 쉬운 일이 아닐 거다.

저승꽃이 만발하면 욕심과 아집이 더욱 강해진단다. 그 또한 두려움 때문일 것이다. 조만간 자신을 송두리째 내려놓아야 할지도 모르는 두려움이 아집과 집착으로 이어진 것은 아닌지. 노년에 마음이 한가할 수 있다는 것은 그런 마음을 닦는데 게을리 하지 않은 시간이 있었기 때문이다.

사는 일을 두고 애면글면 속을 끓이다가 "도대체 이것이 무엇이 관데?" 하고 툭 놓아버린 순간이 있었다. 살 것 같았다. 십 년 묵은 체증이 쑤욱 내려간 듯 숨길이 뚫렸는데 그렇게 하나둘 비워 내다 보면 내 노년의 모습도 제법 아름다워지리라.

흑진주 이야기가 뜸하다. 새 연인에 대해 설렘도 평상심으로 돌아왔다. 무엇이든 그것에 얽매이면 사는 것이 고달파진다. 가고 오는 인연 역시 내려놓고 취하는 것과 같아서 그도 이참에 한 수 배우는 중인가 보다.

마차가 겁 없이 진화하고 물질은 사람의 마음을 움켜쥐고 놓을 줄을 모른다. 비우고 채움에 있어 사람의 진정한 진화는 더욱 더뎌지는 세상이다. 비우고 채우는 것은 빼기와 더하기가 아니다. 우리를 한층 성숙하게 하는 실리적 셈법이다. 또한, 살아있는 동안 가장 확실하게 하고 가야 할 숙제이다.

나도 진일보하고 싶다.

넋두리 좀 들어 보소

저기는 인사내 나는 물, 언감생심 저 족속들과 놀아 볼 꿈은 꾸지 않는 것이 좋다. 에덴에서부터 욕망의 덫에 걸려버린 족속들과는 화합의 간극이 너무 멀기 때문이다.

우리만 보면 저들은 침을 흘리며 탐욕스러운 눈으로 바라본다, 얼굴만 보아도 섬뜩한데 허파에 바람 든 우리 족속들 꼬임에 넘어가 저 세상 가버린 수를 따지자면 인간 머릿수 못지않겠다.

오늘도 객꾼들이 꼬여 들어 수궁을 위협한다. 부디 유혹에 넘어가지 말라고 신신당부를 해도 제 명대로 못살고 가는 놈이 허다하다. 그대들이나 우리나 본분을 지키지 못하면 탈이 나서 영창을 가든지 제 명을 재촉하는 것이 큰 문제이다. 그대들 세상에도 기함할 사건들이 날만 새면 불거지던데 협잡꾼의 수작을 늘 조심하여야 하리.

하늘과 바람과 숲이 그대들의 전유물인 양 착각하지 마라. 우리도 풀밭에 나앉아 나른한 춘곤증에 봄꿈을 꾸고 만추에는 노을빛 잎새와 더불어 물들어가고 싶다.

하루에도 몇 번씩 고개를 내미는 것은 고사하고 박차고 뛰어올라 세상 구경하는 우리를 종종 보았을 것이다. 저기 철없는 우리 족속들 기어코 물을 박차고 튀어 오른다. 수궁보다 더 좋은 화원이라도 있나 싶어 두리번거리는데 그야말로 찰나에 보는 인간 세상은 내가 봐도 눈부시다. 이놈 저놈 덩달아 올라 보지만 이내 곤두박질친다. 겨드랑이를 바라보며 오랫동안 물속에서만 살아 지느러미로 퇴화해 버린 날개가 아닌가 싶어 밤마다 그 날개가 자라 퍼덕이는 꿈을 꾼다.

물가에 앉은 저 족속들 행우지 좀 보게나. 얍삽한 갈고리에 미끼 척 걸어놓고 내 식솔들 몇이나 붙들었는지 입이 헤벌쭉 벌어졌다. 인정머리 없기로 둘째가라면 서러운 인간들이 가끔 어린 것들을 붙잡았다가 도로 놓아준다. 횡액을 면하고 무사 귀환을 하는데 그 속셈을 모르는 어린것들을 다그치느라 입씨름을 하곤 한다.

두런두런 낯선 목소리 수궁까지 들려온다. 내다보니 유난히 마음이 가서 눈도장을 찍었다. 자칭 글쟁이들이라는데 가는 가을을 붙들고 '아쉽다, 아쉽다.'고 요란을 떤다. 자기 세월 가는 안타까움을 애먼 가을에다 풀어내고 있다. 글쟁이도 글쟁이 나름 그들의 진면목은 어떠한지 궁금하다. 세상을 강타하고 심금을 울려놓을 글 한편 내놓지 못하면 명함 내놓는 일은 더욱 삼가야 하리라.

유행인가? 시야를 넓혀보니 앞 다투어 둘레길 만든다고 멀쩡한 땅 생채기를 내고 있다. 길이야 다니면 절로 생기는 것을 몹쓸 족속들, 당장 즐기자고 제 무덤 제가 파는 줄 모르고 사방천지 절단 내는 소리 넌덜머리가 난다. 불나방 같은 인생임을 저 족속들은 알고나 있을까. 수백 년을 족히 살고 갈 기세다. 일그러진 산세가 탄식한다.

저기 뭍에서는 늘 쉰 방귀 소리만 요란하다.

해가 뉘엿뉘엿 진다. 산속 찻집 차향 그윽하고 마당 장작불에 낙엽 타는 냄새 진하다. 연기는 가을을 타고 하늘로 오르다 종내에는 그림자조차 사라진다. 글쟁이들 둘러앉아 세상 이야기하는 사이 낙엽 하나가 바람에 홀려 순식간에 제 몸을 사른다.

생각해보니 저기 뭍이나 내가 사는 수궁이나 사는 건 매한가지다. 먹고 싸고 내질러 놓는 것이나 정신 못 차리면 모가지 달아나는 것이나 크게 다른 바가 없다. 하여 물똥 싸며 튀어 오를 일도 없겠다. 공연히 허망한 꿈에 매달리는 내 족속들 다독거려 이제는 내실을 기해야겠다.
 넋두리 한판하고 나니 가슴이 뻐엉- 뚫렸다.
 이제 수궁으로 돌아갈란다.

오름, 그 험난한 여정

　위를 향해 오른다. 물살을 거슬러 오르는 연어의 격동이 있고 나무는 줄기차다. 칡넝쿨은 애당초 옆으로 뻗는 운명인데 순리를 거스르고 나무를 휘감아 오른다. 그 집착이 서늘하다. 앉은뱅이 꽃도 틈새를 비집고 하늘바라기 하고 식탁 위의 화초도 해 뜬 곳을 알고 있다.
　사람도 위로 오르기를 갈망한다. 뉘라서 아래만 보고 살고 싶을까만 가당찮은 탐욕으로 분별심을 잃어버리는 경우가 문제이다. 야금야금 남의 영역을 침범해 목을 조이다 급기야는 명줄을 끊어놓는 칡넝쿨처럼.

위로 오르는 것은, 성장하는 것은 지상의 모든 울음이 승천하는 일이다.

아래를 내려다보니 냉랭한 시멘트 바닥이다. 발자국에 딸려온 흙이 물과 기름처럼 겉돌고 스산한 낙엽은 손님처럼 어색하다. 본질을 잃어버린 흙은 무색한 얼굴이요, 억압된 땅은 무의미하다. 살아내지 않으면 끝나버릴 요소들이 이유를 들이대고 끊임없이 삶을 요구한다. 우리는 모두 이곳에서 오름을 향한 긴 여정을 시작한다.

개미 떼의 대이동을 보았다. 무지한 사람이 발자국 하나만 내면 수백 마리가 몰살할 위험지역이다. 감수하고 떠나는 행렬이 끝이 없어 시작이 어딜까 하고 되짚어 가보았다. 어림잡아 4~5m가 넘는 행렬이다. 욕망으로 점철된 인간의 전쟁터를 피해 나선 억울한 행렬일까. 심지를 세우고 꿋꿋이 한 방향을 향해 가는 무리가 대부분이다. 신념에 찬 전진이다. 우왕좌왕하다 떠밀려 전진하는 무리에 묻혀가는 놈, 염통이 비뚜로 앉았는지 역방향을 고집하는 놈, 아예 대열에서 멀찌감치 이탈해 버둥거리는 놈 아수라장이다. 사변통에 갈라져버린 남북의 이념처럼 그들도 조만간 두 개의 이념 속에서 더욱 흔들릴지도 몰라. 분단의 조국이 겪어낸 그날의 통한을 보듯 혼란의 시간이다.

검정 개미 두 마리가 말라버린 지렁이 사체를 물고 낑낑거린다. 제 몸의 열 배가 넘는 걸 보니 운수 좋은 날이다. 작으면 눈에 차지 않고 넘치면 무용지물이니 횡재임이 틀림없다. 횡재라면 사람도 눈에 불을 켜는데 그것이 악재가 될 수도 있다는 사실은 염두에 두었는지 모르겠다. 둘이서 물고 늘어지다가 한 녀석은 공중으로 딸려 올라가고 또 한 녀석은 뒤로 나자빠진다. 흥건한 땀의 무게를 가늠할 수가 없다. 수월하게 손을 보아주고 싶은데 내가 끼어든다면 오만이다.

　서늘한 낙엽 하나가 길을 막는다. 한 녀석이 손을 놓아버리고 갈팡질팡한다. 앞서 이끌던 녀석은 제 물건을 지키려고 물고 늘어지다가 낙상을 해버렸다. 어디 한 곳 생채기가 났을 법도 한데 다시 물고 늘어진다. 짐작건대 그 녀석이 가장인 듯하다. 어미가 가장이 되면 괴력을 발휘한다. 그녀라는 대명사를 붙여야겠다. 결국, 오지랖이 발동해 장애물을 치우고 말았다.

　한참을 가너니 사내가 자리를 이탈했다. 앞을 살피러 가는 모양이다. 정찰하고 돌아왔는지 잔꾀인지 알 수 없는 것이 더 큰 암초에 부딪히고 말았다. 안일함에 빠지는 순간 운명은 허를 치기도 한다. 대범한 남성성을 보여주면 좋으련만 사내가 기겁하고 물러선다. 주위를 빙빙 돌며 고심하는가 싶더니 아, 그가 떠나버렸다. 다른 길을 찾자고 아내를 달래보았을까. 길이 아니면 가지 말자고 손은 이끌어 보았을까. 그녀의 한강 같은 눈물이 보인다. 아마도 사내는 인간이 시멘트로 덮어버린 세상에서 숨 쉬는 통로를 잃어버린 게다. 시멘트의 차가운 심성을 배워버린 것이다. 나는 사내가 괘씸해서 견딜 수가 없다.

오지랖은 마음이다. 때로는 논리나 원칙을 앞선다. 결연한 마음으로 암초를 제거하자 그녀가 움직이기 시작한다. 둘이서도 버거운 길을 혼자서 간다. 차마 그녀를 두고 돌아설 수가 없어 더 지켜보기로 했다. 낯선 사내가 다가왔다. 킁킁 냄새를 맡으며 탐심을 자극하는 물건에 달라붙었다. 곁을 주지 않았는지 그도 금방 떠나버렸다. 나는 그녀를 알 수가 없다. 신념에 찬 저 발걸음이 도전인지 탐욕인지를.

최악의 상황에 부딪혔다. 그녀가 올라야 할 풀숲의 경계에는 높은 시멘트 담이 놓여있다. 암울한 절망이다. 사람들을 불러 장애물을 치워 줄 용기도 없는 내 오지랖은 결국 오만이었다. 불안한 동작으로 앞뒤를 오가며 갈팡질팡한다.

헉- 그녀가 절망의 벽을 오르기 시작한다. 끝내 놓지 못하는 희망을 끌어안고, '아아, 저러다 곤두박질치지. 제 몸도 부서질 텐데.'

절망이 바닥을 치면 오름이 시작된다. 절벽을 타고 올라 풀숲으로 들어선다. 풀숲은 가능성이다. 그곳 어딘가 분명 그녀가 힘겹게 달려와야 했던 명분이 기다리고 있을 것이다. 안심도 잠시 그만 엉클어진 풀 섶에 걸려버렸다. 조바심이 난다. 아니 모든 것을 놓아 버릴까봐 겁이 난다. 급히 꺼내어 땅에 놓았더니 겁도 없이 매달려 나와 슬그머니 움직인다. 이제는 정말 그녀의 몫이다.

세상에는 참 많은 그녀들이 살고 있다. 아내로 엄마로 여자로 치열하게 살아오며 눈물 한 동이는 예사로 흘려보았고 뜬눈으로 밤을 새워 본 일도 예사일 거다. 하지만 오름을 향한 여정 앞에서 그녀들의 용기는 대단했고 대범했다.

돌아보니 그녀가 없다. 거짓말처럼 사라졌다!!

감히 단언컨대, 오름에 성공한 것이다.

아름다운 결미

한 해 가을, 천태산 산행 갔을 때 영국사 문전에 은행나무가 환상적이었다. 헤아릴 수 없는 이파리들이 완벽한 황금색이었다. 천년을 묵는 동안 고승의 독경 소리를 문전걸식하였으니, 드디어 해탈한 듯 황금 불상처럼 좌정하고 있었다. 바라보는 내내 경건지심이 들었다. 절 안 마당에는 스님의 염불 소리 듣다 달달 외워버렸음직한 어린 소나무와 뒤꼍에는 갈참나무가 희망으로 자라고 있었다.

7년 만에 찾았더니 고목은 텅 빈 가슴에 사리를 달고 삭풍을 맞고 있다. 생불의 사리인가? 동그란 영물이 삭풍을 삭히느라 우람한 소리를 낸다. 내게도 고요가 찾아온다.

바람에야 끄떡없을 터이지만, 혹 명줄이라도 놓으실까 안타깝다. 노구를 지탱하기 힘들어서 지주에 몸을 의지하고 장구한 세월에 얻은 상처는 시멘트로 싸매놓았다. 목불木佛 앞에서 나도 모르게 합장을 했다.

속세 한 길가에 은행나무가 줄지어 서 있다. 미처 나이테도 형성되지 않은 천방지축이다. 태풍이 흔들어도 뿌리는 내려야 한다. 그 처지가 안쓰럽다만 행여 방랑자처럼 자유만 고집해서는 낙오자로 남으리라. 영국사에 다녀온 뒤 저 천연덕스러운 얼굴을 자주 올려다본다. 비목처럼 해탈의 경지에 이르려면 어림잡아 천년하고도 두 천년은 더 살아야겠거니 중얼거린다.

가을이 깊어 가는데 원숙한 색채와 미완의 색으로 나누어졌다. 기상이변으로 두서없이 잎을 피운다지만, 때맞춰 결실은 보아야 하거늘 뒤늦게 퍼런 은행잎이 햇살을 붙들고 바쁘다. 가을은 사사로이 기다려줄 여유도 없는데 무슨 일로 미적대다 채색도 못 했는지…. 변명의 여지를 주면 줄줄이 물고 늘어지겠지만, 저의 무능함을 확인하는 꼴이 될 게다.

서리가 내리더니 그예 아름다운 결미를 놓쳐버렸다. 땅에 주저앉아 황망한 표정이다. 어쩌자고 은혜로운 시간을 다 허비하고 회한에 떨고 있는지…. 저 안타까운 군상들은 자연의 질서에 따라 내몰린 의미 없는 떨거지가 되었다.

그도 저도 모두 떨어진 날, 인생도 저와 다를 바가 없다는 생각이 들어서 쓸쓸했다.

일찍 영글어 땅에 떨어진 봉선화 씨앗이 가을에 싹을 틔워 제법 컸다. 한 두어 포기 어처구니없는 도발이 아닌 열댓 포기가 싱싱하게 자라고 있다. 기세로 보아 아름다운 결미를 장담하고 있다. 내심 어리석은 것들의 앞날이 보여 나도 모르게 혀를 찼다. 아니나 다를까 안일함에 젖은 오만 위로 된서리가 내렸다.

가을을 놓친 은행나무와, 어리석은 봉선화의 회한은 회색빛깔이다. 목표를 잃어버린 사람과, 목적도 없이 달려와 거울 앞에 선 사람 허무의 색깔이다. 쉽게 얻고자 하였으니 실패하였고 쉽게 얻었어도 끝에는 허무만 남으리라.

영국사 은행나무의 황금 비색은 아름다운 결미이다. 긴 시간 갈고 닦아 빛을 발하는 대기만성한 사람이다. 완성을 이룬 수행자의 상단전에 머무는 색채이다. 깊은 사색과 밤을 지새운 고뇌로 채찍질하였으니 능히 저를 증언하고도 남았다.

한결같이 부처님 문전에 살았으되 그 문전에서도 천년에 얻은 경지라면 저 어린 것의 지금을 탓하는 내 근시안적 망발은 도로 주워 담아야 옳겠다. 천태산도 독경 소리도 없는 아수라장에 살지만, 천년하고도 두 천 년쯤 더 미완의 계절을 나면 분명 어린나무도 해탈의 경지에 이를 테니 말이다.

만물의 영장인 사람은 더욱 그러하겠거니, 우리는 저마다 어떤 색깔로 지금을 나고 있을까.

칠월의 목련

불같은 여름에 목련화라니, 홀연히 찾아와 염천 여름을 즐기고 있다. 질서를 어기고도 고고하게 피었다. 해마다 보아온 고운 화심으로 단박에 봄을 알아채었는데 염천 7월에는 무슨 계절을 달고 왔을까.

다시금 열화같이 꽃을 피우고 온몸이 희열로 타오르고 있다. 불볕에 숨을 고르는 모습이 짠하고 어여쁘다.

아, 며칠 사이 꽃잎이 떨어진다. 붙잡아 두었다가 보여주고 싶은 이가 있는데 황망히 가버린 나의 젊은 날처럼, 다시 찾아온 나의 봄날이 가듯 바삐 떠난다. 다시 못 올 줄 알면서도 아쉬워 풍만한 잎사

귀 속을 기웃거렸다. 그래도 터울을 두고 피어 뜻밖에 소소한 즐거움을 맛보았다

  목련은 겨울이 미적거릴 때 잎보다 먼저 찾아와 봄을 열고 황황히 사라지는 꽃이다. 그래서 뒤늦은 잔설에 연한 살갗을 다치고 꽃샘추위는 아직 이르다고 능청스레 타박한다. 봄의 꽃으로 명명한 저 목련이 통념을 깨고 돌아온 이유는 무엇일까. 초봄과 염천 여름의 성격은 아주 달라서 이상 기온이 빚어내는 혼란도 아니다. 몇 해를 두고 본 적이 없었으니 참으로 의외의 사건이다. 호들갑으로 식구들을 불러내고 신기해 마지않았다.

  우리 집 마당에 유월 장미는 칠팔월을 넘어서 구시월도 마다하지 않고 핀다. 배롱나무는 백 일 동안 꽃이 핀다 하여 백일홍이라고도 하는데 꽃이 피기 시작하면 벌무리가 사달을 내어도 끝끝내 제 날을 채우고 간다. 눈여겨보지 않아도 여느 꽃들 역시 나름의 시간 속에서 만족스레 머물다가 떠날 것이다. 쇠털같이 많은 날 겨우 며칠이라니 억울하기도 했을라나. 어긋난 인연을 향한 그리움이 다시 피는 꽃이 되어, 생전 본 적 없는 초록과의 만남을 시도한 것일까. 애잔하고도 아름답다.

  사연이 있음직하다. 봄에 핀 목련이 불꽃처럼 타오르다 가버린 청춘이라면, 염천 아래 목련은 산전수전 다 겪어내고 개짐마저 벗어버린 농익은 가슴으로 다시 태어난 중년의 꽃이다. 초봄엔 마른 가지에 홀로 피었기에 그때는 묘령의 아가씨처럼 청초하고 고왔다.

지금은 초록 잎사귀에 둘러싸여 농염하고 고고하게 더욱더 고운 매로 피어올랐다.

 문화 공간에 찾아 들어 귀를 기울이고 눈빛이 유난히 빛나던 그녀들이다. 아내로 어미로 치열하게 살아오다 다시 저의 이름을 찾아가는 그녀들은 아름다운 중년이다. 시인으로, 수필가로, 소설가로 다시 찾은 저의 이름에다 새로운 명패를 달고 목련꽃처럼 화사하게 웃고 있었다. 애써 감추었지만 어느 사이 삐져나온 흰머리가 정겹고 어지간히 살아온 연륜으로 그녀들이 풀어내는 이야기는 농익은 목련의 그것처럼 넉넉하고 푸짐했다. 섣부른 젊음이 쏟아낸 열정으로 알 수 없는 것들 그 깊이를 알고자 그녀들이 다시 태어나는 것이다. 젊음은 무에 그리 조급해서 눈 깜빡할 사이에 떠나버리고 때늦은 열망으로 피고자 애쓰는 것일까.

 그녀들을 지칭하는 신조어 '리본(REBORN)세대.' 나는 칠월에 핀 목련에 그 의미를 부여하고 어떤 불순한 언어의 개입도 허용하지 않으련다.

 어쩐지 세월에 얹혀 온 그 무엇이 묵직하게 꽃그늘에 숨어있었다. 열정은 보이나 청춘의 열광은 아니 보였다. 염천도 마다않고 다시 핀 목련꽃에서 더욱 깊어진 호흡을 보았다.

 퇴색한 꽃잎이 나무 아래 누웠다. 또 한 잎은 초록 잎사귀 위에 걸려 있다. 아직 땅 위에 내려앉지 못함은 미련일까? 내 눈에만 미련이요, 안타까움일 거다. 짧지만 굵게 다시 절정으로 타오르다 회한도 미련도 없이 누웠다. 뜬금없이 시조 한 구절이 가슴을 데워온다.

    청초 우거진 곳에/ 자난다 누웠난다.
    홍안은 어데 두고/ 백골만 묻혔난다.

  황진이 무덤 앞에서 읊었다는 백호 임제의 시조를 나는 목련의 주검 앞에서 구성지게 읊었다. 바람처럼 세상을 향유하다 홀연히 사라진 그녀야말로 미련도 회한도 없이 떠났으리라.
  지는 목련도 다시 보니 아름답다. 목련이 황황히 사라진 뜰에 꽃이 앞 다투어 피던 초봄과는 달리 염천 칠월 아래서는 씨알 여무는 소리가 허벌나게 들렸다.
  목련 꽃에서 나의 스무 살과 나의 중년과 다가올 노년과 그 이후까지도 보았다. 스무 살도 아름다웠고, 흘렸던 눈물도 아름답다. 지금의 나도 아름답다. 그 이후야말로 더더욱 아름다웠으면 좋겠다.

페이지가 없는 공간

공기층이 가볍다. 비의 흔적이 풀숲에 남아 초록은 더욱 짙고 제 모습으로 돌아간 봄이 오랜만에 여유를 부리는 날이다. 허연 마스크에 의지하고 거친 숨을 몰아쉬던 나도 들숨과 날숨이 한결 수월해졌다.

지효랑 지율이를 데리고 금강 수변공원에 들렀다. 미세먼지가 창궐하는 날은 창가에서 바라볼 수밖에 없는데 강변도 그런 날은 숨을 죽이고 있는 듯하다. 삭막한 도심 속에 자리 잡고 있어도 언제나 그곳에 가면 호흡이 자유로워진다. 손녀도 그 유혹을 못 이겨 하교하는 길이면 미세먼지 상태를 먼저 묻는다. 공기가 맑은 날은 틀림

없이 내가 저들을 이끌고 강변으로 나서는 것을 알고 있기 때문이다. 그런 날 제 어미는 내어 준 숙제를 미처 못 하고 학원에서 졸고 있다고 걱정하지만, 아이들이 강변에 가면 어떤 일이 벌어지는지 모르지는 않을 거다. 족쇄를 채워놓고 '달려라, 달려.' 외치는 대한민국 가엾은 어미들의 불안 심리에서 나오는 걱정일 테지만, 나는 아이들에게 돌파구를 열어주고자 자주 시간을 내기로 작정했다.

하루가 고요히 지나가는 이곳은 바람에 홀린 억새와 수크령이 아름다운 소란을 피우고, 부리는 이 없어도 절로 이루어지는 것이 많은 공간이다. 꽃, 바람, 숲, 물, 운동을 주제로 몫몫이 조성된 수변에는 사람이 주인인 것 같지만, 잠시 들러 여백의 은은한 바람 소리를 듣고 가는 객에 불과하다. 한 블록 건너 북새통 도시에 사는 사람들이 이념의 벽을 넘어오듯 자주 이 병화의 공산을 넘나드는데 이곳에 서면 만사가 형통할 것처럼 느긋해진다.

느림보의 견지에서 보면 걷는 것이 가장 잘 어울리는 공간이다. 자전거나 다부진 두 다리로 달리는 이들도 있는데 자신에게 정성을 들이는 모습이라 결판을 내어야 할 것처럼 숨차 보이지 않는다. 아이들은 망아지처럼 천방지축 뛰어다닌다. 아이들이 뛰는 것은 곧 걷는 것이라 페이지가 없는 공간을 즐기는 것이다.

책 첫머리에 끼워둔 한 두어 장 여백은 본론으로 들어가기 전 차 한 잔의 여유와 같아서 페이지가 없다. 탈고를 끝낸 작가가 마침내 손을 털고 일어나 창밖을 내다보며 "차 한잔하실까요?" 하는 부드러운 음성이 묻어있다. 그 무한한 공간의 색깔이나 채워진 것이야 보는 이에 따라 다르겠지만, 첫 장을 넘기면서 바로 페이지가 시작된다면 누구든 숨이 찰 것이다. 작가의 철학과 심층에서 솟아오른 언어와 은유로 덮어둔 그의 세계로 들어서려면 적어도 여백 두어 장은 있어야 수월하겠다.

강변도 페이지가 없는 공간이다. 거친 숨소리 들리는 도시가 한 획이라면 강변은 여백이다. 저 소란의 세계로 진입하기 전 심호흡을 하는 공간이다. 충분히 몸과 마음을 이완하고 들어서도 움츠려지는 곳, 북새통에서 살아남으려면 마음에도 여백 한 곳은 남겨두어야 하리라.

들릴 듯 말 듯 흐르는 강물이 주류를 이룬다. 아이의 종알거림과 새소리가 화음을 맞추고, 잡초가 열 일 제쳐놓고 꽃을 피우는 곳, 초록이 제 빛깔 익히느라 바쁜 강 뜰에 바람이 흐벅지다. 발걸음 소리조차 소음이 되는 곳에 푸르르 꿩 한 마리가 날아오른다. 덩달아 놀란 박새의 비명도 소음이 아닌 곳, 요란한 풀벌레 소리가 소란스럽지 않은 이곳에는 늘 공기층이 투명하다.

초록으로 뭉뚱그려놓은 풀밭이 카펫처럼 포근하다. 나른한 봄을 베개 삼아 몸을 누이고 싶다. 자세히 보니 이름 모를 풀이 암팡진 꽃을 달고 해의 방향성을 찾아 고개를 기웃거린다. 안경을 썼으니 망정이지 벗고 보면 도저히 볼 수가 없는 아주 작은 풀꽃은 뭉뚱그린 초록 속에서 생의 의지가 불꽃같이 타오른다. 과수원의 요망한

잡초가 꽃이 되는 곳에

"나, 여기 있어요."

제 또래 아이를 불러놓고 도란도란 이야기가 정겹다. 제 생애 찬란한 하루를 위해 애쓰는 모습이 부담스럽지 않다. 아이들이 통통 튀는 걸음으로 발짝을 떼놓자 파르르 봄이 흩어진다. 민들레 갓털 저 하얀 보풀이 지는 봄이다. 어제 그 야속한 꽃가루도 가는 봄이었구나. 박새 소리 물오르는 걸 보니 이미 오는 여름을 알아채었다.

계절이 가고 오는 소리가 들리지만 조급하지 않다. 아이가 크는 소리, 사랑이 깊어가는 소리, 비우는 소리, 채우는 소리, 한 블록 건너 저 소란을 무마하는 실살스런 바람 소리로 가득 차 있다. 넘치도록 채워져 있음에도 가벼운 이 느낌은 무엇일까. 보일 듯 말 듯 아주 작은 풀꽃이 제 생의 예찬으로 하루를 여는 공산에 사람들이 수월찮은 무게를 내려놓고 떠난다.

아이의 심장 박동 소리가 해 저무는 강변을 흔든다. 저만치 달아난 웃음소리가 강 뜰을 휘젓고 다니는데 길 건너 소란의 세계에서 끈덕지게 부르는 소리가 들린다.

6
손의 이력

손의 이력

참 볼품없다. 손가락이 짧고 끝이 뭉툭한 데다 못생긴 손톱이 조갑지처럼 붙어 있다. 손바닥도 다른 사람에 비해 넓고 손등은 그에 걸맞게 살집이 두둑하다. 손끝이라도 매우면 묻혀가련만, 그 손으로 무엇을 만들어 내는 일도 젬병이다. 어쩌다 마음이 내키면 반지를 끼어보는데 돼지 목에 진주를 달고 있는 기분이 든다. 가락지는 세모시 적삼 아래로 빠져나온 섬섬옥수에 끼어야 가장 잘 어울릴 것 같다.

내 손은 민낯의 수수함이 차라리 돋보이는 편이다. 지나온 날을 돌이켜 보면 일복은 많은데 돈복은 없는 손이다. 그래도 애써 분발

한 나의 이력이 고스란히 담겨있는 올찬 손이다. 손이 나를 닮았다.

　손을 보면 그 사람이 대략 보인다. 수없이 보아오지만, 그들의 삶이 다 다르듯이 느낌도 다르다. 손 전문 모델인 그녀를 보았다. 진정 그녀의 손을 두고 섬섬옥수라 하겠다. 30여 가지 화장품으로 관리를 하고 신주 모시듯 한다. 세모시같이 결이 곱기도 하지만 연분홍 살 색이 돋보인다. 꽃가지에 걸린 달처럼 긴 손가락 끝마다 반달이 걸려 있고 달빛을 머금은 손이 해맑기도 하다. 그녀가 나풀나풀 손짓하면 누구의 심장 하나가 굳어버릴 만큼 고혹적이다. 생전 물 묻히고 산 적이 없는 어느 왕녀의 손 같아서 무수리 같은 내 손을 바라보다 그만 부끄러워진다.

　그 손이 아무리 아름다워도 순결한 아기의 손과 비교할 수 없다. 기도하는 손은 말할 나위도 없지만, 노동으로 다져진 손도 비할 데 없이 훌륭하다. 삶의 끈을 놓은 사람의 손도 보았는데 힘이 빠져버린 두 손은 창백하지만, 그리 편안해 보일 수가 없었다. 손도 그 사람을 닮아 텅 비어 있었다.

　그는 자신의 삶을 충실히 살아온 이들 중의 한 사람이다. 그 흔적을 대변하듯 손가락 하나가 없다. 단칸방을 전전하던 어느 가족의 보금자리를 지을 때 잃었다고 했다. 그의 손은 갑각류처럼 뻣뻣하고 거칠다. 흉터가 곳곳에 나 있고 손가락은 닳아서 짧아진 듯 무뭉스름하다. 굳은살에, 지문이 남아있는지 궁금하고 손톱은 아예 자랄 새가 없는 것 같다. 사연 많은 그 손으로 술잔을 들면 주변이 울리도록 목소리가 우렁우렁해진다. 나는 그의 손을 우리 어머니 손과 사랑스러운 피아니스트 희아의 손 다음으로 꼽는다.

어머니의 손은 덕석같이 거칠다. 저승꽃이 만발했고 내어 준 것이 많아서인지 지문도 닳아 희미하다. 손바닥에는 어머니의 생애를 말해주듯 수 갈래 길이 나 있는데 주름살처럼 깊이 패었다. 95년 이력을 고스란히 담고도 온기만 느껴질 뿐 힘이 없다. 더 움켜쥐면 집착이라는 사실을 알고 있는 듯하다.

그 손으로 갓난 증손자의 손을 잡으셨다. 부서질라, 세상 때 전염될라, 조심스러워 하셨는데 아기는 마다않고 그 손을 꼬옥 맞잡았다. 새로 오신 손님과 조만간 떠날 객의 인사 같아서 공연히 눈물겨웠다. 오셨으니 소풍 즐기시라, 그간 즐거우셨느냐고 두 영혼이 교감하는 듯했다. 한 세기를 살아오신 어머니는 만감이 교차하는 듯 눈물이 맺혔다. 아기가 움켜쥔 손을 놓지 않아 살그머니 벌리는데 힘이 만만치 않다. 열 달 내내 세상과 맞설 준비를 하였나 보다.

그는 수수하고 순박한 노동자이다. 헛물만 켜는 백수건달이나 노동의 위대한 가치를 모르는 인간들의 불순한 시선에도 불구하고 자기 일에 당당하다. 웬만하면 남에게 누를 끼치지 않고 사는 것이 소원이라고 말한다. 자녀들은 고등학교 졸업과 함께 정신적, 경제적 독립을 시켰고 그 덕분인지 내놓고 자랑해도 좋을 만큼 잘 커 주었다. 자랑해도 흔쾌하게 수긍할 텐데 언제나 겸손하다. 그다지 부를 누리고 살아 보지 못 했고 빨간 딱지가 집안 곳곳에 붙을 만큼 험한 시간을 보냈어도 낙천적이다. 나는 그의 정직한 사고에 한 번도 토를 달아 본 적이 없다. 사람이 생각대로 한결같이 살 수 없지만, 그리 살고자 애쓰는 노력이 보이기 때문이다. 손이 그를 닮아서 불굴의 의지와 사람의 온기가 고스란히 느껴진다.

험한 일을 하는 사람은 손가락이 짧아지고 음식을 만드는 이의 손가락은 점점 길어진다는 말이 있다. 삶의 가장 아름다운 영역을 이리 온당한 은유로 표현해 놓은 그는 누구일까. 누군가를 위해 노동을 하느라 닳아버린 손의 공덕을 말하는 것일 게다. 또한 노모의 생신 날 바치는 딸의 애틋한 국수 한 그릇의 의미처럼 음식으로 사람의 명을 이어주는 것도 공덕이라 말하는 것이다. 골똘히 생각하지 말고 내가 할 수 없는, 그러나 누군가는 꼭 해야만 할 일을 어떤 이가 하고 있다고 생각해보라. 우리는 그 미덕을 달리 상생이라 표현한다. 선천적 장애로 손가락이 네 개밖에 없는 희아가 건반 위에서 묘기를 부릴 때, 그 아름다운 노동은 누구보다도 특별한 손의 유희이다.

'사는 일에 최선을 다하는 사람치고 아름답지 않은 손이 있으랴.'

변화무쌍한 세상을 향해 무소처럼 치닫지 않고 박쥐처럼 웅크리지 않고 천천히 우회하는 아름다운 저 손들이 세상 한 영역을 꾸려간다는 사실에 우리의 심장은 또 한 번 고동쳐야 한다.

내 손에서 나간 밥상의 온기로 따지자면 나도 조금 길어졌을까. 아니 숱한 노동으로 짧아진 건가? 글말로 뱉어놓고 보니 외람되다.

하지만 누군가를 위해 마음을 내어볼 다짐이기도 하다.
아무튼 손을 가만히 들여다보면 그 사람을 똑 닮았다.

어우렁 그네

작은 요정이 요람에서 놀다가 채롱을 벗어났다. 방문 틀에다 그네를 매달아 주었더니 네 활개를 파닥이며 좋아한다. 걸음마를 시작하고는 보이는 것마다 신기한지 발탄 강아지처럼 휘젓고 다닌다. 어느새 놀이터에서 바람 소리를 내며 그네를 탄다.

놀이터에 가면 별의별 놀이 기구가 많다. 미끄럼틀과 시소, 철봉이며 흔들놀이, 클라이머 등등 종류가 다양하다. 운동장만 한 놀이터를 섭렵하면서 땀이 흥건하도록 놀아도 그네를 타야 끝을 본다. 또래들이 오종종 모여 차례를 기다리는데 안달이 나면 나를 세워두고 미끄럼틀을 한바탕 타고 온다. 마지못해 그네에서 내리는 아이도 미련이 남고 다른 놀이를 하는 아이들도 곁눈질로 훔쳐보면서 마음을 두고 있다.

쌍둥이 차례가 왔다. 기다리는 눈빛들이 안타까워 얼른 쌍둥이 그네를 타자고 중재에 나섰다. 지효가 먼저 그네에 오르고 지율이 성큼 따라 오르다 균형을 잃고 땅으로 내리박혔다. 그 바람에 지효가 밀리고 그네가 푸르르 떨렸다. 놀란 지효가 투정을 부리고 툭툭 털고 일어난 지율이 찔끔 나온 눈물을 훔치고 다시 오른다. 두 녀석이 한꺼번에 발을 구르다 한 치도 나아가지 못하고 분란이 인다. 지율이 먼저 발을 구르며 배를 쑤욱 내밀었다. 지효의 무게를 감당하려니 간신히 한 뼘 나가는듯하다 엉거주춤한다. 지효도 제 깐엔 잔뜩 힘을 주고 구르는데 제자리걸음이다. 다시 한 번 지율이가 엉덩이를 쑤욱 빼더니 얼굴이 발개지도록 발을 구른다. 가만히 있어도 불안하게 흔들리는 그네에서 용을 쓰더니 마침내 요령을 터득한 듯 저만치 나간다.

날개를 단 듯 바람 일구는 소리 요란하다. 고운 나비 한 쌍이 하늘에서 어우렁그네를 탄다. 주춤주춤 맴돌기만 하던 종이배가 물길을 만나 넓은 내로 흘러가는 풍경이 그랬었지. 세상으로 당찬 출발이다. 이란성 쌍둥이가 그려내는 한 폭의 그림이 춘향이의 그네로 이어진다. 우여곡절 끝에 행복을 찾아가는 춘향전에서 그네는 인연의 끈이다. 기생 딸 춘향이 세상과 조율하는 통로이며, 신분타파를 시도하는 작자가 그 안에서 통쾌하게 담을 뛰어넘은 도화선이다.

어렸을 적 자주 보았던 풍경이다. 그때는 사방이 놀이터였으니 온갖 자연물이 놀이 기구였다. 두루 섭렵하고도 찜찜한 날은 텅 빈 운동장을 찾았다. 어우렁그네를 타고 하늘을 날면 남아 있던 열기가 탈골된 그네에서 땀으로 흩어졌다. 삐걱대는 쇳소리도 그때는 고저장단의 흐름새로 들렸었지.

그네는 둘이 탈 때 묘미가 있다. 혼자서 타는 것은 쉬운 일이지만, 둘이 마주 보고 호흡을 맞추는 일은 그리 수월하지가 않다. 옹색한 디딤판에 네 발을 가지런히 놓고 한 그네에 매달려 땅을 박차고 비상을 시도하는 것, 그것은 둘이 하나가 되어야만 해낼 수 있다. 마침내 둘이서 아우르는 하늘, 그 환희를 기억하는 이 많을 거다. 더불어 가야하는 인생 가탈 없이 어우렁더우렁 어울려 살자는, 그런 의미에서 앞에 말 뚝 떼어다 어우렁그네라 이름 지었을 거다. 문득 그 하늘 아래 지금도 어우렁그네를 타고 있을 그들의 안부가 궁금하다.

녀석들이 대견하게도 어우렁그네를 탄다. 그네 꼬리를 붙들고 오락가락 근심을 놓지 못하는데 웃음범벅이 된 아이들이 깃발처럼 펄럭인다. 비로소 조바심을 내려놓는다.

어미 뱃속에서부터 한 탯줄에 엮인 인연으로 서로의 시선 밖에 떨어져 본 일이 없는 녀석들이다. 어우렁그네에 올라 세상과 조율하고 불의에 타협하지 않고 사람과 화합하고 저의 주인이 되길, 지금처럼 나중도 그렇게 쌍둥이 그네를 타고 동천 하늘을 날기를 소망한다.

'그래, 산다는 것은 지율이랑 지효처럼 어우렁그네를 타는 일이지.'

부부의 인연 또한 전생에 쌍둥이였던 두 사람이 칠천 겁의 오작교를 건너와 현생에서 하나가 되어가는 과정인지도 모른다. 그래서 이란성 쌍둥이가 한 그네에 올라 마주 보고 어우렁그네를 타는 일이다. 처음 하늘이 열리고 세상이 생긴 이래 그의 갈비뼈에서 나온 그녀와 생육의 신성한 섭리를 부여받고 신세계를 열어가는 과정이다. 혼자서는 외로워 둘이 되었다는, 둘이 되었더니 셋이어야 좋고 넷이어야 완성일 것 같다는 며늘아기의 홍조 띤 모습에서 그 인연의 고리를 짐작해 본다.

삶은 어우렁그네를 타듯 행복하다. 어우렁그네를 타듯 불안하고 때때로 흔들린다. 더는 버틸 수 없어 인내가 한계에 달하면 어우렁그네는 두려움이고 공포이다. 그 순간 어떤 이는 해방을 꿈꾸고 또 어떤 이는 섣부른 이탈로 방황하기도 한다.

자칫 추락할지도 모르는 그네의 속성을 타고 올라 흔들리기도 하지만, 목표는 행복 지향적 삶이다. 지효랑 지율이가 어우렁그네를 타고 흔들리다 마침내 동천에서 꽃 웃음 웃는 일이다. 지율이 곤두박질친 그네에서 툭툭 털고 다시 올라 마주 보고 함박웃음 웃었듯이 조율의 천재가 되어야 행복할 것이다.

혹여 살다 태풍을 만나거든 호흡을 가다듬고 지효랑 지율처럼 초심을 발판으로 다시 뛰어 보기를, 동천에서 꽃 웃음웃기를 간절히 소망한다. 나의 아이들이, 세상 모든 아내와 남편들이 ….

공산성과 노옹

 공산성 빈 무대를 한 바퀴 돌았다. 겨울바람이 나목을 후리고 한바탕 눈이 쏟아질 것 같은데 사람들이 성을 오르고 있다. 잔뜩 움츠리고도 올라야 할 이유가 있는 듯 발걸음은 끊이지 않는다. 그 이유를 눈앞에서 포착했다. 젊은 부부가 아이의 손을 잡고 성의 역사와 그 흔적 앞에서 일일이 설명해주고 있다. 잔뜩 눌러쓴 모자와 목도리 사이로 비집고 나온 아이의 눈빛이 공산성을 밝히는 깃발처럼 빛난다. 역사를 아는 것은 과거를 아는 것이 아니라 미래를 이끄는 원동력이라고 했다. 흐뭇하고 미더운 광경이다.
 해발 110m의 자그마한 성에 고고古古한 흔적들이 역사의 산 증인으로 서 있다. 세계문화유산으로 등재되었다는 소식까지 접하고 바라보니 시공을 초월한 듯 그들과 교감을 한다. 금강 줄기를 따라 터전을 잡고 유유히 흐르는 강물처럼 안주하는 백제 후손들의 자긍심이 느껴진다.

어린 시절 역사 이야기는 참 흥미로웠다. 덕분에 국사 시험 점수는 항상 우수했다. 현장 견학이라고 해야 수학여행이 전부였는데 경주 불국사는 그 한 번으로 오래 감동으로 남았다. 가야의 후손인 나는 백제가 어디쯤이었을까 지도를 펴보기도 하고 삼천 궁녀와 의자왕 이야기가 사실일까 하고 흥미진진하게 들었다. 달달 외우기만 한 BC 몇 년은 다 잊어도 이야기가 있는 역사는 기억하기가 쉽다. 백제 이야기에 가장 감동하고 흥미를 끈 것은 삼천이나 되는 궁녀들의 일편단심이었는데 삼천이란 숫자가 문학가들의 수식어에 불과하였다니, 숫자야 어찌 되었든 한 군주를 섬긴 충정과 일편단심에 절로 고개가 숙어진다.

의자왕은 효심과 우애가 깊고 내외부적으로 치세에 강한 군주였다는데 어쩌다 700년 역사를 한순간에 사라지게 한 망국의 주범이 되었을까. 마지막 피신처인 여기 공산성에서 백제의 부활을 꿈꾸던 비운의 왕은 결국 나당연합군에게 무릎을 꿇고 말았단다. 당으로 끌려가 파란만장한 삶을 내려놓으며 회한의 눈물을 얼마나 흘렸을까. 무능한 군주의 끝은 시대를 막론하고 비참하기 짝이 없으니 그때를 보는 듯 지금 저 안타까운 철장을 바라보며 탄식이 절로 나온다.

　백제의 눈물을 금강에 묻고 사라진 궁터에 걸음을 옮기려니 바람이 우왕좌왕 그날을 보는 듯 무겁다. 황량한 계절 탓인지 더욱 심금을 울린다. 물고 물리던 역사의 주인공들도, 이야기도 시간 속에 묻힌 지 오래 후손들은 숙제를 안고 하나 둘 성문을 나선다.

　강을 끼고 내려오니 아늑하게 자리한 영은사가 반긴다. 임진란 때는 승병을 훈련하여 왜적에 대항하였단다. 스님들은 목탁을 내려놓고 전의에 불탔으리라. 지켜 낸 조선 땅에서 아군도 적군도 없는 원혼들을 위해 목탁을 들었고 승복에 묻은 피가 수만 번의 백팔 배에 지워졌을 즈음에야 여기 공산성에서 열반에 드셨을까. 은행나무를 문지기로 세워 두고 동안거에 드셨나, 스님은 보이지 않고 무수히 떨어진 열매가 거울을 나고 있다.

　국태민안을 꿈꾸며 왕위에 오른 인조는 그를 왕좌에 오르게 한 일등공신 이괄의 역습으로 공산성으로 피신해 왔단다. 이괄의 칼날을 피해 황급히 숨어든 공산성에서 파발 군의 말발굽 소리를 못내 기다렸을 터이다. 산란한 마음을 나무에 의지하고 고뇌하였을 그 심정을 헤아릴 것도 같다만, 나무를 어여삐 여겨 벼슬을 내렸다니 나무는 읍하고 망극하다 아뢰었을까.

　강을 내려다 보다 문득 곰나루에 뱃머리를 묶는 더벅머리 사공을 만난다. 만남과 이별의 희비와 망국의 눈물과 승자의 기쁨이 곰나루 사공의 배를 타고 백제에서 조선으로 건너갔으리라. 사공이 떠난 강나루는 금강교라는 현대적 이름 아래 새 역사를 쓰고 있다. 어느 즈음에 가서는 지금이 후손들의 역사가 될 터이니 '그대! 지금을 함부로 살지 말라.'는 교훈을 다리 난간에 새겨두어도 좋으리라.

바람이 한가롭다. 공산성의 깃발을 붙들고 파닥이다 누각을 돌아 유유히 곰나루로 빠져나간다. 시간도 성을 에돌아 이야기를 남기고 그렇게 강나루를 빠져나갔을 테지. 역사를 실어 나르며 밭은 숨소리를 게워낸 금강은 소용돌이가 잦아든 탓일까. 들릴 듯 말 듯 숨소리가 고르다.

앞서던 동행이 밑도 끝도 없이 "얼마나 고통스러웠을까." 하고 탄식한다. 고목을 올려다보고 하는 말이다. 지나온 시간만큼 굵어져 버린 옹이가 군데군데 박혔고 비바람에 패인 뿌리가 등창을 앓고 있다. 죽자고 살아온 흔적이 고스란히 배어서 해진 옷자락처럼 너덜거리는 노옹의 살점을 보고 탄식하였나 보다. 노옹은 성의 역사를, 성은 노옹을 무겁게 떠메고 있다.

대웅전 옆 산바라지에 소년인 듯 청년인 듯 나무 몇 그루가 바람을 몰고 있다. 새파랗게 어린 것이 객기를 부린다. 돌아서서 건너편 노옹을 향해 묵례하였다. 그리고 한마디 건넸다. '우리는 결코 저분과는 비교 불가한 존재니라.' 공산성은 영은사와 노옹의 연륜으로 더 깊이 있게 다가왔다.

아수라가 떠난 공산성에는 오늘도 평화의 깃발이 나부낀다. 가야의 한 아이가 기억 속에 묻어 두었던 역사의 흔적을 둘러보고 백제도 가야도 없이 하나가 된 평화로운 성문을 감동으로 걸어 나왔다.
　가시적 거리를 벗어난 이야기들이 자꾸만 흐려져서 카메라에 모두 담았다.

달맞이꽃

"어! 달맞이꽃이 피었다."

달맞이꽃을 볼 때마다 내가 연연히 되새김질해 온 이야기를 남편이 선수 치는 것이다. 노란 꽃이 하나둘 보인다 싶더니 몇 년이 지나며 군락을 이루었다. 멀대같이 자란 대궁에 노란 꽃이 다닥다닥 피었다. 밤을 꼬박 새우고는 졸음에 겨워 흐느적거린다. 달을 사랑하는 요정의 전설이 담긴 꽃, 꽃말은 기다림이다.

기다림은 그리움이고 사랑이다. 오직 달을 향한 요정의 눈물겨운 사랑이며 돌아올 수 없는 아들을 향한 내 어머니의 애간장이 녹아내리는 그리움이다.

달맞이꽃 꽃말을 생각하며 노란 꽃잎을 똑똑 땄다. 휑하니 남은 대궁의 절망스러운 모습에 미안함도 잠시, 찻잔에 띄우면 거기에도 오빠가 있을 거라 생각하며 바구니를 채웠다.

오빠는 늘 어디나 있었다. 달밤에도, 진수성찬 앞에서도, 좋은 일이 있는 날에도, 햇살만 눈부셔도 어머니는 가슴에 묻어 둔 오빠를 불러내었다. 달이 뜨고 지고 달맞이꽃이 피고 지기를 수십 년, 그리움도 엷어진 뒤에 잔잔한 회상이다.

도회지로 유학 간 오빠가 모처럼 돌아온 날 산골 마당에 달빛이 푸지게 쏟아졌다. 네온등에 타버린 하얀 얼굴의 산골 머슴애가 처음인 양 천연스런 달빛에 감격했다. 그 달을 찬양이라도 하려는 듯 기타를 들고 들마루에 앉았는데 반듯한 이목구비가 달빛에 감겨 빛이 났다.

즐겨 부르던 〈달맞이꽃〉노랫소리가 밤을 흔들면 달빛은 더욱 교교하게 빛났다. 그날 밤에도 꽃은 달빛에 겨워 노란 하품으로 일어났을 거다. 새벽이면 돌아갈 달을 껴안고 사랑에 겨운 밤에 오빠는 무슨 꿈을 꾸었을까.

가장의 무게가 버거웠을까. 꿈도 접고 일상이 꿈이 되어버린 삶, 그 무게에 짓눌려 밤 사이 멎어버린 심장은 돌아올 줄 몰랐다. 어머니의 세월 안에 소요하는 웅장한 거목이더니, 그 밤의 달빛처럼 빛나다 지고 말았다. 다시 올 리 없는 오빠를 향한 덧없는 기다림과 그리움으로 어머니는 애달픈 달맞이꽃이 되었다.

오빠가 코흘리개 적부터 오르내리던 뒷산 초입에 묻었다. 눈을 구경하기 힘든 아랫녘 산골에 그날 청승맞은 눈발이 흩날렸다. 옆집 아지매는 아까운 청춘이 갔으니 겨울 하늘이 우는 거라고 했다. 정말일지도 모른다며 올려다본 하늘이 잿빛으로 울고 있었다. 어머니는 아들이 묻힌 뒷산을 올려다볼 수 없다고 고향을 등지셨다. 나도 오랫동안 고향을 찾지 않았다.

그리움이 너무 진해지면 그 주체를 찾아 떠나보든지 한 차원 높게 내려놓아 버리는 것이 상책이다. 어머니는 가슴에 오빠를 묻은 채 떠나셨고 세월은 내가 보내지 못한 오빠를 천천히 내려놓았다. 갑자기 고향이 못 견디게 그리웠다.

그동안의 세월은 생무덤이 앉은 따비밭을 숲으로 만들어 놓았다. 살았으면 허연 머리를 하고도 씨익 웃으며 반겨 줄 오빠가 없다. 묻고 돌아선 뒤 자그마치 17년 만이다.

어머니는 아들의 몫까지 살고 가려는 듯 끈질기게 명줄을 붙들고 계셨다. 그 그리움이 어찌 달맞이꽃의 그것에 비교하랴만, 꽃이 필 무렵이면 흐드러진 꽃밭에서 어머니의 애절한 눈빛을 찾아내곤 한다.

자그만 땅에 여러 가지를 심었다. 박이랑 호박, 수세미 대추도 심고 봉선화, 맨드라미, 해바라기도 심었다. 고향 집에서 보았던 것을 다 심어 놓은 뜰에 달빛이 교량하다. 나도 모르게 고향을 만들고 있었다.

달은 언제나 오만사람의 그리움을 품고 떠오른다. 달맞이꽃이 사랑에 겨운 밤이면 다시는 돌아올 수 없는 사람들을 생각하며 나도 회상에 젖는다.

밤으로 피고 낮으로 지는 것이 어찌 달맞이꽃뿐이랴. 저승 옷 차려 입고 날아 오른 천상에서 울 어머니, 기어코 달보다도 빛나던 아들과 눈물의 해후를 하셨으리라.

가을 탓인가

　시월이 되면 공연히 심란해진다. 내 안 어디쯤엔가 고여 있는 물, 정체된 사고를 시월이 깨우는 것일까. 가을 탓인가.
　까마득한 이야기지만, 사진처럼 선명하다. 초등학교 4학년 때 교무실 입구에는 화재를 대비해서 만든 수조가 있었다. 아이들 일손으로는 우물가를 열댓 번은 오가야 가득 찼을 화강암 수조였다. 네 명이 한 조가 되어 당번을 정해놓고 물갈이를 했는데 어린 눈에는 수조가 무척 커서 채울 일이 막막했다. 서투른 대로 더러워진 물을 퍼내고 닦은 뒤에 몇 번 헹구다 보면 작은 손이 허옇게 붙곤 했다. 일이라기보다 놀이에 가까웠지만, 힘에 부치는 것은 사실이었다. 지금의 아이들에게 그 일을 시킨다면 엄마들은 큰일 날 일이라 대뜸 손 사래 칠 것이다. 하지만 즐거운 노동을 끝내고 물이 골막하게 찬 수조를 바라보면 마음이 뿌듯했다.

  물은 명경 같이 맑았다. 수조는 가장 순도 높은 색채로 사계절의 풍경을 담아내었다. 일찌감치 물든 잎이 내려앉으면 나룻배 떠다니는 작은 호수가 되고 벚나무 잎이 모두 붉어질 즈음엔 호수도 물이 들었다. 작은 새가 물을 쪼아대다 어느결에 붉은 물이 들고, 지나던 구름이 제 모습에 흠칫하는 작은 호수는 온통 붉은 가을을 닮았다. 하늘은 언제나 빠짐없이 등장하고 백엽상은 물속 길목에서 하늘을 지켜보았다. 아이들은 그 평화로운 세상을 들여다보며 즐거워했는데 틈틈이 올라가 놀던 철봉이나 그네도 담고 싶었으리라. 바람이 불고 비가 오면 무채색으로 변한 호수에 파도가 일고 백엽상 바람개비가 다급하게 돌았다. 아이들은 그곳에서 이야기를 발견하고 교내 문집에다 이름을 올리곤 했다.

  더위는 물때와 이끼를 더 빨리 키웠다. 물도 더 많이 길어오게 된다. 한참 떨어진 우물가에서 헉헉거리며 들고 오다 보면 물은 반으로 줄고 장난 삼아 내달리다 웃음보가 터지면 들통이 뒤집어지기 일쑤다. 여름밤 점방 아지매가 우물가에서 소복 입은 처녀 귀신을 보았다는 스산한 괴담을 들려줄 때는 머리를 풀어헤치고 우물 속에서 올려다볼 것 같아 오싹했다. 우물가를 몇 번이나 오가야 수조가 채워졌을까.

여름방학이면 수조는 고스란히 치부를 드러내었다. 정체된 물은 걸쭉해지고 산화한 나비의 날개와 익사한 벌레, 어디서 나부대다가 바람에 떠밀려온 마른 풀잎이 부표처럼 떠다니다 꺼멓게 뒤엉켜버린다. 아이들이 돌아올 즈음엔 물은 제 빛깔을 잃어버렸다. 우리는 언제나 놀이처럼 일처럼 각자의 몫을 해내었다.

두어 번 더 헹구어 내고 물을 담았으면 얼음 알처럼 맑은 호수가 되었을 거다. 그날은 꾀가 났는지 내가 그만하자고 나섰다. 친구들이 뜨악해하는데도 우겨서 들통의 물을 계속 부었다. 처음 몇 번으로는 부연 느낌이 있겠지만, 맑은 물을 계속 붓다 보면 깨끗해질 거라는 계산에서였다. 생각대로 가득 채운 물은 맑아 보였고 아이들도 별 불만이 없었다. 과학적 원리를 설명할 수는 없지만, 구태여 표현하자면 구정물이 시나브로 맑은 물에 동화되었다고나 할까. 불순한 물 분자의 환탈이라고 해도 좋겠다.

오염된 물은 언제나 화단 귀퉁이에 버려졌다. 그때나 지금이나 나는 버려지는 물의 나중을 깊이 생각해 본 적이 없다. 버렸으되 버려진 것이 아니다. 아이들을 갈개로 흘러간 물은 우여곡절 겪고서야 대지의 심층으로 파고들어 청정 지하수로 거듭 났을 거다. 어디에도 쓸 수 없을 것 같은 생활폐수도 음울한 하수구로 흘러들지만 길은 있다.

'그리 걱정할 일인가.' 대지는 오수의 치부를 받아들여 걸러내고 성능 좋은 정화조는 언제나 새로운 길을 열어두었으니, 우리는 어느 순간 버린 그 물로 밥을 짓고 있는지 모를 일이다. 혹은 순도 높은 봄비로, 추운 날 따끈한 커피 한 잔으로 되돌아오는지도 모른다.

숨 가쁜 삶의 언덕배기에 서서 갈 길을 잃어버린 이들이 방황한다 해도 크게 걱정할 일은 아니다. 길은 언제나 있기 마련이므로.

내 안 어딘가에 괴어 있다가 점점 확장해 갈지도 모르는 정체된 사념들이 가을을 타나 보다. 나 역시 걱정할 일은 아니다. 그때도 얼마쯤 찌꺼기를 남겨 놓은 채 맑은 물을 부었더니 그냥저냥 깨끗해지지 않았던가. 또한 버려진 물도 갈개를 만나 거듭나지 않는가. 매년 시월이 찾아와서 나를 흔든다 해도 무리는 없으리라. 그때마다 긍정의 에너지를 쏟아 붓는다면 별 탈 없이 지나갈 터이니.

괸 물이 썩는 이유는 흐르지 못하기 때문이다. 고여만 있으니 당연히 썩는다는 이론을 세우고 보면 갈개는 필수적인 요소다.

구태의연한 나를 깨운 것은 시월이지만, 가슴이 이리 요동치는 이유는 필경 가을 때문이다. 가을은 완성을 추구하는 계절이므로 내가 흔들릴 때마다 환기창이 열릴 테니 내게는 갈개와 같은 존재다.

한 뼘씩 성장할 것이라는 믿음으로 가을은 어김없이 찾아오나 보다.

할마의 전성시대

비애라면 아프고 노동이라면 괴롭다. 당당하게 전성시대라 말하고 싶다.

할마와 할빠는 사회상황이 빚어낸 신조어이다. 할머니와 엄마의 합성이고, 할아버지와 아빠의 합성어다. 인생의 지혜와 육아의 다양한 경험으로 이 나라의 미래를 키우고 있는 노장들이다. 누가 뭐래도 애국하고 있다.

취미 생활이나 하고 여행을 다니지 손녀 손자를 키워주는 할머니를 보면 이해가 가지 않는다고 타박을 받은 적이 있다. 그 일을 아직도 하고 있느냐고 핀잔을 받으면 화가 난다. 자식은 어미가 키워야 한다는 사실을 모르는 사람이 있을까. 하지만 그의 말대로 지금 이 사회에서 절대적이라는 법을 만들어버리면 어려워진다.

안팎으로 산더미 같은 일을 해내는 안사람들의 힘은 모름지기 이 나라의 바탕이 되고 있다. 그녀들이 모든 현장에서 물러나 머리에 띠를 두르고 '으샤'를 외치면 가장들은 갈 곳을 잃어버릴 거다.

긴 시간 발효한 심성에서 나온 할마 할빠의 사랑은 깊이와 수용성이 다르다. 경험으로 보아 그 사랑을 먹고 자란 아이들은 어른이 되어서도 잊을 수가 없다. 또한 핵가족의 단출함에 길들여진 아이들에게 할마의 포용력과 할빠의 지혜는 세상을 수용하는 법을 배우는 기틀이 될 것이다.

실은 힘에 부치는 노동이다. 의무는 아니니 물러나고 싶고 남은 노후는 즐기며 보내고 싶다. 시간을 오롯이 빼앗기는 것은 물론이고, 살림에 육아 부담이 가중되면 우울증과 비애를 느끼기도 한단다. 하지만 건강이 허락하는 상황이라면 대개 선택의 여지가 없다. 얼마 전 그런 할마 할빠들의 정신건강을 위해 대책이 있어야 한다는 뉴스를 본 적이 있는데 정말 기대를 해보아도 좋을까.

그런 세월이 8년이다. 지난해는 딸애가 일 년 휴직해서 입학하는 아이를 돌보겠다고 했다. 나도 자연스레 휴직에 들어갔다. 쉬는 일 년은 나도 딸아이도 황금 같은 휴가였다. 3월부터 나는 세종으로 저는 청주로 출퇴근하며 고달픈 일상이 시작되었다.

부산한 아침을 몰고 집을 나서면 학교 앞에는 아이들 반 어른 반이다. 할마와 할빠가 대부분이고 젊은 엄마, 간혹 아빠도 섞여 있다. 십 리 길을 걸어 언니 오빠 손을 잡고 학교에 다니던 시절을 생각하면 격세지감을 느끼는데 세월 따라 변하는 풍경이 한두 가지랴.

  허리 구부정한 할빠가 손녀와 주먹인사를 하고 있다. 갓 피어난 고사리손과 온 인생을 손아귀에 틀어쥐고 달려온 역전의 용사가 노장의 모습으로 어린 손녀와 주먹을 맞대고 있다. 과거와 미래의 빛나는 조합이 참 아름답다. 쭈뼛거리는 손녀의 손을 잡고 기어이 교문으로 들어선다. 손녀의 손을 잡고 내가 따르고, 뒤로는 6층 할마가 손자의 신발주머니를 들고 따른다. 신호등 건너 급히 걸어오던 할마 할빠의 발걸음이 느려지고 신호등이 바뀐다. 아이들이 저들의 세계에 입성하고 나면 돌아서는 마음이 짠하다. 할마만의 고충이겠는가. 어미가 아닌 할마라서 아이들은 마음의 부담이 왜 없겠는가. 말없이 할미에게 기대는 모습이 대견하다.

  교문을 나서면 무거운 짐을 부린 듯 걸음이 노곤하다. 이 순간 제 어미 아비는 삶의 현장에서 땀이 나도록 뛰고 있을 테지. 이 어미를 믿고 마음 편히 일하겠거니 생각하면 마음이 뿌듯해진다.

  그제 서야 눈을 돌리면 학교 옆 매화나무가 연분홍 주둥이를 쏘옥 내밀고 종알거림이 푸지다. 오늘이 있기까지 몇 사람의 정성어린 손이 필요했을까. 또한 뿌리 내리기까지 바람과 햇살과 비는 얼마나 조심스러웠을까. 내내 봄볕에 호사하더니 어제 못 보았던 꽃망울이 터졌다. 그 예쁜 입술을 톡톡 건드려 보니 멈추지 않는 손녀들의 종알거림이 들린다. 숨 가쁜 아침을 내려놓고 돌아오는 길에 봄바람이 달다.

   나는 과거이다. 나의 아이들은 현재이며 그 아이의 아이는 미래이다. 그러니 나는 대단한 현재를 키워 내었고 미래를 위해 다시 발분 하는 것이다. 다음 세상이 되어 줄 미래, 이 막중한 책임을 지혜롭게 감당해야 함을 절실히 느낀다.

   쉴 새 없는 저 종알거림에 내 수고를 보태어 언젠가는 큰 울림의 언어로 터져 나오길 소망한다. 할마는 나의 또 다른 호칭, 나는 현재와 미래의 중심에 우뚝 서 있다.

   이는 분명 축복이다.

견 서방과 견공

어머니는 누렁이를 대하는 마음이 어찌나 살가운지 마당에 적을 둔 견 서방으로 여기신다. 동지섣달 긴긴밤엔 한뎃잠이 서러울까 봐 이불을 넣어주고, 아침이면 밤새 냉기에 언 몸을 녹이라고 뜨거운 물을 갖다 준다. 삼복 염천엔 견 서방의 초막 위에 그늘막을 치고, 산고 치른 그의 아낙에게는 미역국을 들이민다.

어쩐 일인지 견 서방은 이불을 패대기치고 밥그릇은 뒤집어엎기 예사다. 반항의 극치인 듯 발톱이 빠지도록 땅을 파헤치기도 한다. 그의 아낙이 출산하던 날도 구덩이를 파고 핏덩이를 숨겨두었다. 죽은 듯이 숨어있어야 산다고 언질을 주었을 텐데 낑낑거리는 소리에 어이없는 지경을 보게 되었다. 저들의 역사에 개입한 인간의 야만성을 낱낱이 기억이라도 하는 것일까.

쇠털같이 많은 날을 오라에 묶인 채 야성이 몸부림을 친다. 어떤 날은 목줄을 끊고 치솟는 객기로 반항하는데 억센 손길에 붙들려 다시 목줄을 찰 때면 내 목에도 밧줄이 감긴 듯 답답해진다. 그리고 가끔 어머니 말씀을 흉내 낸다. '너는 전생에 무슨 죄를 지었기에 창살 없는 감옥살이를 하누….' 어머니도 나도 동병상련의 아픔에서 우러나온 짠함일 거다.

그런 견 서방의 심사를 자극하는 일이 있다. 집 앞 야산에 떠돌이 개가 예닐곱이나 되는 식구를 데리고 자주 눈에 띈다. 동가식서가숙하는 처지에 새끼까지 딸려있다. 영혼까지 집시를 닮았는지는 모르겠으나 거침없는 행보가 자유인은 분명하다. 역마살도 없는데 나도 가끔 훌훌 벗어던지고 유랑객이 되어 보고 싶다.

집시 견은 앞산 둔덕에서, 견 서방은 처마 밑에서 마주 보고 논쟁을 벌인다. 쟁점이 무엇인지 알만하다. 견 서방의 근본은 본래 산천을 누비던 늑대인데 인간의 처마 밑에 붙들렸으니 그 구속에서 벗어나라는 충고가 있지 않았을까. '배부른 돼지보다 배고픈 소크라테스를 선택하라.'는 그들이 돌아가고 나면 견 서방은 못내 착잡하다.

이틀에 한 번 꼴로 오라를 풀어 준다. 질풍같이 내닫는 기세가 몽고군의 말발굽보다 빠르다. 숨어 있던 고라니가 제풀에 놀라 도망

가는데 붙들어 오는 일은 없다. 그리고 꿋꿋이 집으로 돌아온다. 견 서방은 절대 안전 주의자였나?

지인이 기르던 견공을 우리에게 맡기러 왔다. 그전에는 품에서 어르고 키웠겠지만, 상황이 여의치 않아서 실내에서 키울 수가 없다. 졸지에 마당으로 내려앉아 견 서방이 되었다. 며칠 사이 쑥대머리에 퀭한 눈빛이 행색이 말이 아니다. 우리 견 서방이 위로한답시고 한마디 하자 쌩하고 짖는다. 견생도 격이 있다는 듯. 사람 손에서 놀던 견공이라 사람 흉내를 낸다.

견공 이야기를 하다 보니 문득 생각나는 일이 있다. 들리는 말로는 나라가 발칵 뒤집힌 사건의 발단에는 일개 개 한 마리가 있었다. 돈만 있으면 개도 명첨지라 귀하신 견공을 함부로 다루었다는 죄를 사람에게 물었다가, 견공은 개망신에 주인은 나라 망신에 철창 신세가 되었다. 명첨지도 염치가 있으면 고해성사라도 봐야 할 일이거늘, 다행히도 저를 빌미로 사건 내막이 불거졌다. 밥값은 제대로 치른 셈이다.

그녀의 삼일천하가 막을 내리니 견공의 근황이 궁금하다. 아직도 뒷손의 보호 아래 있는지…. 혹, 깨달은 바 있어 초야로 떠났을까. '의롭지 않은 부귀영화는 한낮 뜬구름이라.' 옛사람 말을 빌려 그럴싸하게 뱉어 놓고 말이다. 한바탕 회오리바람이 쓸고 간 뒤에 사람들은 명첨지를 떠올리며 기가 차서 웃었다.

개 팔자도 뒤웅박 팔자라 견 서방으로 전락한 우리 집 객 견도 한

동안 방황하다 제 본분을 되찾았다.
　나물 먹고 물 마시고 팔을 베고 누웠으나 즐거움이 그 안에 있다고 하였다. 우리 견 서방이야말로 상팔자다. 때때로 숲을 누비며 야성을 누리고 제 식솔들 넉넉하게 건사하고 어머니 사랑까지 차지하고 앉았으니 무엇을 더 바랄까. 저 흉흉한 바람 소리 저도 들었을 터이니 오늘 밤은 이불을 챙겨 덮고 숙면에 들었으리라.
　꿈자리도 한동안은 훗훗할 것 같다.

그리움조차 놓아버릴라

그분을 위해 메를 담을 때마다 마음이 짠하다. 전쟁 통에 행방불명이 된 작은아버지시다. '북으로 갔다, 전쟁터에서 죽었다.' 소문이 분분했다. 소문을 인정할 수 없는 가족들은 희망으로 버틴 지 수십 년, 이 세상 사람이 아니라고 단념한 듯 제사를 지내자고 했다.

빨간 완장을 두르고 핏대 올리던 그자의 감언이설에 속아 혹, 북으로 갔을까. 그들의 이념은 지상 낙원, 정녕 행복한 미래였으니 사람들이 그때 얼마나 빨갛게 물들어갔을까. 다만 행복을 찾아 떠났건만…. 한때는 남은 가족들도 가당찮게 발목이 묶여 삶의 행보에 고초를 겪었다. 비판과 원망보다는 연민이 앞서는데 지금 저토록 고단한 생애를 보며 부디 안녕하길 바라는 마음 간절하다. 작은아버지도 어떤 사연으로 북으로 가셨다면 가족을 두었을 텐데 영영 무소식이다. 이제야 말이지만, 진작 난리 통에 외로이 숨을 거두셨는지도 모른다.

다행히 한 점 혈육을 남기고 가셨다. 아버님은 동생이 살아 있다는 희망을 버리지 않았으니 북한에 살고 있을 거라는 믿음도 버리지 않으셨다. 편지 한 장 우체통에 넣을 여지도 없는 장벽 너머에서 피붙이의 안부가 얼마나 궁금했을까. 회한과 그리움을 안은 채 돌아가셨는지도 모른다. 그런 모든 이들의 소망이 쌓이고 쌓였으니 명절이면 달은 저리도 터질 듯이 부풀어 오른다.

그분은 아직도 청년의 모습으로 가족들의 가슴에 살아 있다. 처음 이산가족 상봉이 있던 날, 시누님은 희망에 부풀어 신청하셨다고 했다. 지금까지 어떤 기별도 받지 못한 채 전쟁의 상흔은 딸의 가슴에 벌겋게 남아 있다.

전쟁이 빼앗아 가버린 행복이 늘 그리웠을 거다. 그나마도 어머니와 함께라면 단란할 수도 있었으련만, 우여곡절 있어 어머니와 생이별까지 하였으니 그 어린 시절이 어떠했을까. 지금은 다복한 가정을 이루어 남부럽지 않으시나 슬픔이 병이 되었는지 평생 지병으로 고생하신다. 위험한 고비도 수차례, 희망을 놓지 않으니 명줄도 놓지 못하시는 걸까. 만나면 늘 가슴 한구석이 뻐근해 온다.

내가 제사를 모시게 된 지 십여 년이다. 산사람 제사를 지내는 것이 아닌가 싶었지만, 시누님이 흔쾌히 허락하고 고맙다는 인사를 하셨다.

어느 날 어머님이 명절 때마다 술 한 잔과 메를 담아 대문 밖에 두라고 하셨다. 작은아버지께서 귀신이 되어 고향에 오시지만, 차마 제사상 앞에 앉지 못하신단다. 마음이 너무 아프셨나 보다. 그냥 돌려보낼 수 없으니 밖에서라도 한술 뜨고 가시라는 안타까운 배려이다. 가문에서 퇴출하지도 잊지도 않았는데 당신의 그리운 영역으로 들어서지 못하고 쭈뼛대는 청년을 떠올렸다. 무당의 말에 사실 여부를 가리거나 어머니는 그런 말을 믿으시냐고 따지기에는 너무 슬프다. 술 한 잔과 메를 담아 내놓으며 안부를 묻고 잘 가시라고 인사를 드렸다. 돌아서서 가는 모습까지 떠올리는데 가슴이 아려왔다.

화해와 와해, 그리고 화해 그 다음은 또 무엇이 될까. 시간이 속절없이 간다.

어두운 장막 하나 거두어 내니 다시 봄인가? 화해의 전령사는 어디까지 길을 트고 있을까. 느리다. 너무 늦었다. 기다리다 지쳐 귀신이 되어 고향을 오갔을 분들, 시름없이 가버리는 하루가 안타까운 노모, 더 늦기 전에 가야 한다고 애간장이 녹는 아들 딸에게 봄은 언제 오는가 말이다. 다행히 이산가족의 바람이 이루어졌다. 눈물 없이 볼 수 없는 광경에 번번이 목이 메는데 그 짧은 행복조차도 누리지 못하는 가족들의 아픔도 염두에 두어야 하리라. 사흘이면 된다던 피난처에서 수십 년, 노인이 된 청년은 고향 집 툇마루에 비치던 햇살이 그립다고 울먹인다.

저 멀고도 가까운 북녘으로 거침없이 오가는 것이 구름과 바람뿐일까. 철새도 금강산을 비켜갈 리 없고 날다람쥐도 어제 해거름 산맥을 넘어 왕도토리 몇 개 묻어 두었을 텐데.

이제는 부둥켜안고 오열하는 저 그리움이 마지막이 되었으면 좋겠다. 번한 속내를 아는데 '그리 쉽게 될라.' 저 살천스러운 무리의 밀고 당기는 수작을 보라. 갈피를 잡아야 하는데 가슴이 탄다. 언젠가는 꼭 저 살 찬 장벽이 무너지고 봇물 터지듯 통일의 소식들로 만감에 들리라.

이번에도 시누님은 얼마나 마음을 앓으셨을까. 원망에서 그리움으로, 막막하나 한 가닥 희망은 놓지 않았을 텐데 이제는 그리움조차 놓아버릴라. 만남의 장소 비어 있는 한편에 의자 두 개를 놓아본다. 시누님을 앉혀드려야 하겠기에, 어쩌면 살아계실지도 모르는 그분을 앉혀드려야 하겠기에. 만나면 말 한마디 뱉기도 전에 쏟아질 눈물이 아직 남았으니 부디 이 소망이 이루어졌으면 좋겠다.

곧 추석이다. 올 추석에도 달이 유난히 밝고 크게 떠오를 것 같다. 모두를 대신해서 달이 안부를 전해야 할 터이니….

구름 한 점 기웃대지 않고 훤히 떠올라야 할 텐데.

다시 읽는 이달의 문제작 《수필과비평》
〈봄이 전설이 될라〉

　　　　　　　　　　　　　　　　　　허상문 (평론가)

다시 읽는 이달의 문제작 주목작 《한국산문》
〈빨래의 의미〉

　　　　　　　　　　　　　　　　　　장정옥 (수필가)

◆ **서평** – 여울에서 길어올린 그리움의 언어

　　　　　　　　　　　　　　　　　　이방주 (수필가.평론가)

최명임의 〈봄이 전설이 될라〉

허상문 (문학평론가)

　사람들은 꽃피고 새우는 봄의 찬란함과 아름다움을 이야기하지만 봄의 그늘에 대해서는 생각지 않는다. 우리에게 이 찬란한 봄은 언제까지 계속될지 그 뒤의 어둠은 어떤 모습을 하고 있을지는 상상치 못한다. 이제 머지않아 아름다운 봄은 우리 곁에서 서서히 사라져 갈 것이고, 우리에게 나비와 벌이 없는 봄이 오지 않을까 하는 우려는 현실로 나타나고 있다. 꽃과 나비들은 언제 세상에 나타날지 몰라 우왕좌왕하고 있으며, 꽃이 피어도 나비와 벌이 없는 봄이 되어가고 있다. 꽃과 벌과 나비가 없어지니 봄도 사라지게 될 것이라는 걱정이 절로 들게 되는 것이다. 생태계의 변화와 이상기온으로 봄이 사라질지도 모른다는 이야기는 이제 남의 이야기 같지가 않다.

최명임의 〈봄이 전설이 될라〉는 이러한 문제의식에서 출발한다. 언제나 그렇듯 자연의 섭리와 질서는 정확하고 오묘하다. 자연의 세계에서도 생존의 원리는 분명하다. 꽃이 제 향기를 기억할 물질을 분비해 벌이 기억하게 하고, 다음 해에도 찾아올 수 있도록 유인책을 쓴다는 사실을 통해서도 알 수 있듯이, 자연의 질서는 인간의 삶보다도 더 정교하게 움직이고 있다.

"봄은 꽃이 피는 것만으로 봄이 아니다. 꽃 또한 피는 것으로 꽃일 수 없다." 작가의 말대로 벌나비도 없이 지는 꽃은 의미 없이 다녀간 인연처럼 무의미하다. 벌이 다녀갈 때야 꽃은 의미를 지니게 되고 자기완성을 이루게 된다. 그리하여 봄도 비로소 완성에 이르러 빛을 발하게 된다. 생존을 위한 질서란 인간만이 누리는 특권이 아니라 벌 나비와 자연의 관계에서도 어김없이 이루어지게 되는 것이다.

그러나 이런 자연의 순환과 질서가 인간에 의해 상실되어 간다. 봄이 되어 벌나비가 해야 할 일을 인간이 하고 있다. 벌은 결코 제 이익을 위해서 꽃을 상하게 하지 않지만, 인간은 자신들의 이익을 위해 강제로 벌과 나비의 생태 질서를 교란하고 있다. 그들의 아름다운 노동에 인간의 이익이 개입하는 것이다. 작가는 이런 현상을 다음과 같이 보여준다.

어느 때부턴가 희귀한 일이 벌어진다. 벌나비가 찾아와 사랑의 메신저가 되었던 낭만의 과수원에, 사람이 벌이 되고 나비가 되어 화접을 한다. 흐드러지게 핀 배꽃 위로 무리 지어 날던 벌나비 대신 무미건조한 손이 오고 가는 모습을 떠올려보라. 그것도 모자라서 기계의 힘을 빌려 화접을 한다니 허공을 가르는 기계의 차가운 감성으로 어찌 저 꽃이 알찬 열매를 맺을까. 벌 한 마리의 소중함을 미처 깨닫지 못했다. 안일하게 낭만을 논하고 봉침의 약성을 노렸던 내가 부끄러워진다. 봄이 무색해지는 현실이다.

봄의 찬란함과 밝음의 이면에는 그늘과 어둠이 존재한다는 사실을 작가는 간과치 않는다. 사라져가는 것이 벌과 나비뿐이던가. 강남 갔던 제비도 우리들 곁을 떠나 돌아오지 않고 벌레들과 꽃들도 우리 곁을 떠나고 있나. 언세부턴가 제비가 보이지 않는다. 집집마다 제비 둥지도 없어졌다. 도시에서 제비가 사라졌다는 말은 들었지만, 시골에도 제비가 날아오지 않는다. 봄이 되어도 강남 갔던 제비가 돌아오지 않고 있다. 주택가 처마 밑에 두지를 틀던 제비가 아파트와 콘크리트 건물 속에서 살 곳이 사라졌다. 무분별한 개발로 시골엔 논밭이 줄어들고 농약과 화학물질이 뒤범벅된 들판에서 제비의 모습은 찾아볼 수 없다.

그러나 인간은 갈수록 자연에 무례하고 오만해져 간다. "나비를 도둑맞은 봄"과 "별을 도둑맞은 하늘"에는 관심이 없지만 인간들은 오직 과학기술과 자본에만 몰두할 뿐이다. 봄이 오면 벌과 나비는 당연히 나타나 꽃밭은 누비며 봄을 부추기고, 강남 갔던 제비가 돌아오는 봄은 영원할 줄로만 생각하고 있다.

 잃어버린 것 들은 때때로 낯선 모습으로 되돌아와 우리를 후려친다. 나비를 도둑맞은 봄과 마음을 도적질한 기계와 별을 도둑맞은 하늘은 우리의 가슴을 훔치고 있다. 언젠가 우리의 절규를 예견하고 있는지도 모른다. 꿀벌이 사라지면 지구도 사라진다는 선구자의 추상같은 엄포가 현실이 되어가고 있는 것은 아닌지 문득문득 두려워진다. 오던 길을 되돌아가 가장 적당한 시점에서 나비를 불러들이고, 벌이 떼 지어 노는 모습을 보고 싶지 않은가?
 더 늦기 전에 우리는 오만과 거짓된 사랑을 내려놓고 자연이 우리에게 느끼는 괴리감을 줄여가야 할 때다. 먼 훗날 후손들이 봄의 전설을 이야기할 슬픈 일은 없어야 하기 때문이다.

 벌과 나비와 제비가 모두 우리 곁을 떠나고 있다. 논밭이 없어지고 자꾸 집과 건물이 들어선다. 꽃과 나무와 숲도 없어진다. 작가는 말한다. "꽃이 핀다. 꽃이 진다. 공연히 지는 꽃이 서럽다. 지는 내가 서러운 겐가? 머지않아 봄도 떠날 것이다." 그 옛날부터 인간과 함께 살아온 새와 나무와 꽃과 나무들이 모두 사라지면 이 세상은 어떻게 될까. 사람들은 또 기계와 물질이 그것을 대신해 줄 것이라고 믿고 있다. "꿀벌이 사라지면 지구도 사라진다."고 했듯이 꿀벌과 나비와 꽃이 모두 사라지고 나면 이 지구상에는 인간만이 존재할 것이다. 새들의 노랫소리가 들리지 않고 나비와 벌과 꽃이 없는 적막한 세상에서 인간은 어떻게 살아갈 수 있을까? 그야말로 더 늦기 전에 우리는 오만과 거짓된 사랑을 내려놓고 자연이 인간에게 느끼는 괴리감을 줄여가야 할 때다.

최명임의 '봄이 전설이 될라'는 생태적 인식과 상상력이 돋보이는 작품이다. 작품에서 봄의 빛은 어둠과 대조 속에서 강한 감성적 이미지를 연출하고 있다. 이 빛과 어둠의 교차는 봄날에 우리가 볼 수 있는 벌과 나비라는 동적인 움직임과 그 봄날이 드러내는 정적인 고요를 동시에 보여주는 역할을 한다.

작가의 "나는 정녕 이 아름다운 계절을 잃고 싶지 않다. 아주 가지는 말라고 해마다 찾아오면 임을 본 듯 반길 터이니 부디 다음을 기약하자고 달래보련다."고 다짐한다. 이는 바로 자연에 대하여 가지고 있는 인간의 교만하고 왜곡된 마음에 대한 경고의 메시지이다.

주목작

장정옥 (수필가)

　최명임의 〈빨래의 의미〉는 이달의 주목작이다.《수필과비평》2017년 4월호 게재)
　어머니의 빨래 방법을 보고 익히며 빨래의 의미를 알아가는 작가의 글을 선택한 이유는 교훈적 문장이 없어 오래 글의 여운이 지속되기 때문이다. 그럼에도 굳이 욕심을 부려 본다면 제목이 너무 상투적이다. 수필에서 제목은 첫 문장만큼이나 강하게 작용한다고 했다. 더욱이 빨래는 수필에서 흔히 쓰이는 주제이다. 잘 표현된 글이 쉬운 소재와 상투적 제목으로 독자들이 그냥 지나칠까 염려스럽다. 느린 호흡으로 읽다 보면 공감이 크게 전해지는 글이다.

바쁜 하루를 벗어놓은 가장의 옷 냄새가 역하고 강하다. 번잡한 때와 노동의 애로와 술 한 잔에 풀고 온 회포가 뭉글뭉글 배어있다. 짠하고도 애정이 간다.

세탁기에 넣고 묘약 두 숟갈도 함께 넣었다. 하나는 정화작용을 하고 다른 하나는 향기를 품어 격을 높이려 한다. 담백하게 버튼을 눌러놓고 나는 능력자가 된 기분이다.

−중략−

진액까지도 짜버렸나. 기절한 듯 쓰러져 누운 빨래를 꺼내는데 품은 향기가 은은하다. 툭툭 털어 구겨진 부분은 반듯하게 펴고 일그러진 표정을 반듯하게 만져서 달래었다. 눈부신 볕과 청정한 바람에 널었더니 상쾌한 웃음소리가 바람을 탄다.

본래의 저는 있으되 거듭난 모습이 영락없는 환탈이다.

⟨빨래의 의미⟩ 부분

◆ 서평

여울에서 길어 올린 그리움의 언어

이방주 (수필가, 문학평론가)

1. 들머리

　수필은 체험의 문학이라고 한다. 그런데 체험에 해석이 없으면 그것은 문학이 아니다. 수필은 작가의 철학이 바탕이 된 삶의 해석이 생명이다. 어떤 이는 수필을 신변잡기라 한다. 신변을 소재로 상상도 해석도 구성도 없이 썼다면 그것은 잡기이다. 신변을 소재로 해석과 상량이 있고 형상화가 있을 때 비로소 문학이란 지위를 얻어낸다. 이런 측면에서 최명임의 《언어를 줍다》를 눈여겨볼 필요가 있다.

내 글의 발원지는 아랫녘, 청보리색 바람이 자주 불고 어린 노루가 사립을 기웃거리던 청련한 산골이다. 시인이 아닌 아이가 있었을까. 나도 가슴에 시 한 편 품고 자랐다. 노루만큼 찬란했던 호기심과 올새 고운 감성이 시인의 창을 들락거리다 세상으로 날아왔다. 해사한 언어들이 날조된 생에 묻혀버렸다.

- '책머리에' 중에서 -

'책머리에'는 그의 문학적 언어의 근원을 밝힌 글이다. 최명임 수필가의 언어는 그리움을 품고 있음을 짐작할 수 있다. 그는 어린 시절부터 시인의 가슴으로 호기심과 올새 고운 감성을 지니고 살았다. 그러나 그의 눈으로 보면 날조된 세계에 그의 언어는 묻혀버렸다. 묻힌 언어라 할지라도 그것이 그리움이든, 현실 비판이든, 삶의 시혜이든, 바라보이는 세계에서 서설로 느러나게 마련이다. 작가는 대상을 해석하면서 '그리움'이란 언어를 하나하나 주워 올렸다고 할 수 있다.

수필의 언어는 숨어 있는 의미만을 요구하지 않는다. 서사성도 소중하지만 시적 서정성도 소중하다는 말이다. 자신만의 독창적인 인식과 해석을 통한 문학적 형상이 제대로 갖추어질 때 수필은 신변잡기가 아니라 신변이라는 깊은 바위 덩어리에서 캐어낸 예술적 언어가 되는 것이다. 최명임은 형상화의 어려움에 대하여 이렇게 술회한다.

> 흔적 하나로 기틀을 잡으면 어느 접점에서 곡절을 풀어헤쳤다. 알 수 없는 용기가 나를 부추기고 요소요소에 들어간 낯선 언어들이 산고를 치르면 나의 글은 오롯한 희열이 되었다. 그 든든한 희열을 다시 들여다보다 부끄러움에 수없이 좌절하곤 했다.
> – '책머리에' 중에서 –

누구나 사상과 정서를 풀어내는 데는 산고가 필요하다. '흔적 하나로 기틀을 잡으면 접점에서 곡절을 풀어헤치는' 용기가 필요한 것이다. 그렇게 산고를 거치고 나온 낯선 언어들은 작가의 희열이 된다. 마치 종교적 깨달음의 기쁨처럼 말이다. 그 기쁨도 잠시 문인은 부끄러움에 좌절하기도 하다. 그것은 작가로서의 겸손이라고 생각한다.

최명임 수필가의 두 번째 수필집 《언어를 줍다》는 49편의 작품을 6부로 나누어 수록하였다. 6개의 소제목을 붙여 8~9편씩 수록한 작품의 공통점을 살펴보니 주제나 소재를 통하여 묶은 것 같지는 않았다. 그렇지만 작품의 주제는 그리움, 생태환경에 대한 의견, 여행과 일상에서 감회, 세태 비판, 존재의 확인 등으로 대별하여 생각할 수 있었다.

'그리움' 제재 작품은 고향, 어머니 아버지, 혈육, 생활 풍습에 대한 그리움을 드러내기도 하였고, 외래 생물이나 환경오염으로 파괴된 생태환경에 대한 안타까움과 환경파괴 이전의 자연에 대한 그리움을 드러내기도 하였다. 여행과 일상을 소재로 한 글에서 그는 삶의 지혜와 터득한 인생철학을 아주 조심스럽게 토로하였다. 그의 작품에는 역사와 시대에 대한 고민도 드러나서 날로 변해가는 세태에 수필가로서의 근심과 견해를 밝혔다.

최근 서구의 에세이와 우리의 전통 수필을 구분하려는 시도를 보이고 있다. 매우 반갑고 바람직한 일이다. 수필은 한국문학의 풍토서 자생하여 오늘까지 계승 발전하여 온 것이지 서구의 수필을 이식한 것은 아니다. 최명임 수필가의 《언어를 줍다》는 한국 전통 수필의 맥을 이으려고 노력하는 일면을 보이고 있다. 최명임의 《언어를 줍다》가 지향하는 형상의 방향이 한국 전통 수필을 따르면서도 서구의 에세이를 닮은 논리성을 중시한 작품도 보인다. 하지만 이 또한 수필문학 발전의 일가를 형성해가는 과정이라 보고 싶다.

> 돌의 언어는 간결하다. 바람과 물살에 승화된 가슴과 무색무취한 산소로 빚어내는 웅숭깊은 언어는 나를 사로잡는다. 사람의 언어도 그랬으면 좋겠다. 돌을 줍는 날은 나의 언어도 돌을 닮아 가는 듯 음전해진다. 붓방아질을 하다가 잡다한 언어로 사설만 늘어놓은 내 글도 언젠가는 돌의 언어처럼 간결해지리라 믿는다. 한 편의 명수필로 내 글에 정점을 찍게 되는 날을 꿈꾼다.
>
> -〈돌에서 언어를 줍다〉중에서-

《언어를 줍다》의 언어는 돌을 닮아 있다. 그는 돌의 언어는 간결하다고 한다. 간결한 언어를 지향한다는 말이다. 깊은 철학이 담겨

있는 언어는 오히려 단순하다고 한다. 그의 말대로 붓방아질만 하다가 잡다한 사설만 늘어놓을 것이 아니라 돌의 언어처럼 삶의 철학이 담긴 간결함을 추구할 일이다.

2. 그리움과 존재의 확인

한국 전통수필은 체험에서 의미를 찾아 그것을 삶의 교훈으로 삼는다. 교훈성을 지나치게 강조하면 자칫 교술에 빠질 우려가 있어서 어떤 사람들은 수필을 문학의 범주에서 제외하기도 한다. 《언어를 줍다》에 수록된 49편 작품은 교술의 차원을 넘어 대상에 대한 고도의 해석이다. 그의 해석은 자신의 가치관을 바탕으로 수필적 상상을 통하여 의미를 천착한 결과이다. 이러한 독창적 시선은 체험의 여기저기에서 배어나온다. 자연에서 삶의 지혜를, 일상에서 자아의 성찰과 반성을, 세태에서 역사의 아픔과 꾸짖음을, 인간관계에서 따뜻한 인간애를 찾아내고 있다. 이러한 그의 의미 구현을 인간의 근본적인 그리움과 존재의 확인이라고 말하고 싶다. 그의 작품에서 발견되는 독창적인 인식의 시선을 찾아보기로 한다.

(1) 그리움은 시공時空을 넘어 오늘의 서정으로 남아

그리움이란 '어떤 대상을 좋아하거나 곁에 두고 싶어 하지만 그럴 수 없어서 애타는 마음'이다. 문학은 그리움을 말하는 언어이고, 그리움은 언어로 형상화되고 해결되어 문학으로 승화한다. 문학은 시간, 계절, 사람, 고향 같은 지나가버린 것에 대한 아픔을 언어로 소생시켜 해결한다. 이렇게 부활한 그리움은 아름답기 때문에 모든 이가 공감한다. 자연적인 시간은 흘러가지만 문학은 흘러간 시간을 되살려 준다고 말할 수 있다.

최명임 수필가의 그리움은 삶의 어떤 부분에 존재하는지 탐구해 보기로 한다.

> 나는 아직도 기억 저편에 초가를 품고 있다. 가끔 후끈한 온돌방에 몸을 누이는 상상을 한다. 후드득 봉창으로 뛰어드는 빗소리와 짚 지붕의 소리 없는 빗소리를 들으며 한잠 푹 자고 싶다. 누가 뭐라 하겠는가. 아직도 초고속으로 몰려오는 개화의 물결 속에 고요히 찾아드는 저 아슴푸레한 시간을.
>
> 초가는 의당 벗어나야 할 문맹이었다. 하지만 내겐 삼베 적삼에 배어 있던 어머니 체취였다. 그래서 그 양반의 아집처럼 꼭꼭 붙들고 있다.
>
> ─〈고향을 불러내다〉 중에서─

고향 집의 어지러운 정경에 눈물이 난다. 깨진 항아리 조각과 내려 앉은 서까래, 뒤틀린 문짝에 남은 문풍지가 바람에 갈갈거린다. 이끼 수북한 돌담과 구실을 잃어버린 아궁이가 나를 맞는다. 백 년을 내다보던 감나무도 참 많이 늙었다. 1년 새경을 미리 받고 머슴살이 왔던 아재가 흥감스레 누렁소 엉덩짝을 후려치던 소리가 들리는 듯한데 그 논과 밭은 성성한 풀숲이 되었다. 산 같은 아버지의 바짓가랑이를 붙들고, 그런 새끼들을 위해 아버지가 애면글면하셨던 곳이다.

-〈흔적을 붙들고〉중에서-

고향에 대한 그리움은 어머니에 대한 그리움을 바탕으로 한다. 인간은 그리움이란 정서를 어머니에 대한 그리움으로 배우게 마련이다. 〈고향을 불러내다〉는 고향 초가를 통하여 어머니에 대한 그리움을, 〈흔적을 붙들고〉는 고향집 감나무, 풀숲, 누렁소를 통하여 아버지에 대한 그리움을 드러냈다. 부모에 대한 그리움은 누구에게나 있는 보편타당한 그리움이고 가장 기본적인 그리움이라 할 수 있지만, 초가에서 '삼베 적삼에 배어 있는 어머니의 체취'를 감각하고, 성성한 풀숲에서 '산 같은 아버지의 바짓가랑이'를 기억해 내어 감각적 이미지로 형상화하였기에 독자들에게 깊은 인상으로 남기었다.

그리움이 너무 진해지면 그 주체를 찾아 떠나보든지 한 차원 높게 내려놓아 버리는 것이 상책이다. 어머니는 가슴에 오빠를 묻은 채 떠나셨고 세월은 내가 보내지 못한 오빠를 천천히 내려놓았다. 갑자기 고향이 못 견디게 그리웠다. 그간의 세월은 생무덤이 앉은 따비밭을 숲으로 만들어 놓았다. 살았으면 허연 머리를 하고도 씨익 웃으며 반겨줄 오빠가 없다. 묻고 돌아선 뒤 자그마치 17년 만이다.

-〈달맞이꽃〉중에서-

봄비 속을 걸으면 그때 나를 마음에 품어 준 그 머슴애가 공연히 생각난다. 코흘리개 그 머슴애도 잘살고 있을까. 어느 길모퉁이에서 우연이라도 한번 만나고 싶었다. 얼굴엔 살구색 분가루로 주름을 덮고 흰머리는 검정색 물을 들여 봄비 속 찻집에서 만나고 싶다. 유리창에 아른거리는 세월일랑 묻어두고 그때로 돌아가서 활짝 웃어보아도 좋으리. 기다림을 가져 볼까? 추억 한 아름 몰고 온 봄비가 바람이다.
-〈봄비는 얄궂다〉 중에서-

〈달맞이꽃〉은 따비밭을 통하여 일찍 타계한 오빠를, 〈봄비는 얄궂다〉는 봄비 내리는 날 어린 시절 자신을 좋아하던 고향 머슴애에 대한 그리움을 드러내고 있다. 따비밭의 생무덤으로부터 연상되는 오빠의 이미지가 그리움으로 그리고 그를 가슴에 묻고 떠나신 어머니로 연결되어 괴기에 대한 그리움이 오늘에 이어지고 있다. 〈봄비는 얄궂다〉에서는 봄비 속에서 머슴애를 그리워하면서 '주름을 펴고' '흰머리는 검정색 물을 들여' 오늘의 찻집에서 만나기를 소망하고 있다. 여기서도 과거에 오빠라는 혈육의 남성과 머슴애라는 이성적 남성에 대한 그리움이 현재에 이르고 있음을 보여 주었다.

선생님이 만난 초로의 신사 내외가 앉았던 벤치는 비어있다. 어느 낯선 도시에서 생의 여정을 이어가고 있을까. 굳이 먼저 가셔야 했던 사연이 없었으면 나도 선생님을 뵐 수 있었으련만, 책으로 만난 인연이라도 간간히 그분이 그립다. 그날 저문 산사의 분위기와 다르게 해가 막 중천을 비켜가고 한낮의 열기로 마당 곳곳에 열화같이 꽃이 핀다.

세상 떠나신 뒤에 더욱 빛나는 선생님의 문향이 군데군데 배어있다.
―〈불영사를 찾아서〉 중에서―

〈불영사를 찾아서〉에 담긴 그리움의 대상은 감명 깊게 읽은 작품의 작가이다. 여기서 '선생님'은 수필 〈불영사에서〉란 작품을 쓴 우리 고장 수필가 목성균이다. 최명임 수필가는 목성균의 작품집 《누비처네》에서 이 작품을 읽고 문득 남편과 함께 불영사를 찾아가게 된다. 불영사 곳곳에서 목성균 수필가의 체취를 느끼며 한 번도 만난 일이 없는 그 분을 그리워한다. 시간을 초월한 한 공간에서 옛 작가를 그리워하는 것이다. 문학은 시공을 초월하여 선배 작가의 날숨을 들숨으로 받아들이기도 한다. 이와 같이 그리움은 시공을 초월하여 오늘의 서정으로 남아 생생한 감각으로 다시 탄생하는 것이다.

(2) 생태환경을 바라보는 인간적 시선

인간은 자연에서 산다. 자연과 인간은 대결하거나 대비되는 것이 아니다. 인간도 자연의 일부일 뿐이다. 생태환경의 파괴는 곧이어 인간의 파멸을 의미한다. 최명임 수필가는 인간에 의하여 파괴되는 생태환경을 냉철한 시선으로 비판한다.

꽃이 핀다. 꽃이 진다. 공연히 지는 꽃이 서럽다. 지는 내가 서러운 건가? 머지않아 봄도 떠날 것이다. 다시 올 적에는 강남으로 떠난 제비를 불러 모아, 나비와 더불어 오는 봄이었으면 좋겠다. 사립문에 웅크린 제비꽃이 실눈 뜨고 기다리던 몽환의 봄을, 내 까마득한 기억 속에 자리한 그 봄을 많이 닮아있으면 좋겠다.

-〈봄이 전설이 될라〉 중에서-

어느 날 불같이 일어나는 이기적 문명을 보았을 것이다. 그 숲이 영원하길 소망하며 아이들에게 청빈의 사냥 법은 물론 그들이 기대어 살아온 숲의 내력을 누누이 들려주었다. 그럼에도 안타까워 매 순간 자각하며 살기를 바람으로 만든 것이 부메랑이 아니었을까. 사냥감을 향해 날렸지만, 분명 그 염원에서 비롯된 소산물이었을 거다. 내게서 나간 것은 내게로 돌아온다는 삶의 이치를 반원에 새겨 넣고 나머지 반원은 후손들이 채워 완성을 이루면 좋겠다는 염원의 도구였을 거다. 그의 불길한 예감은 적중했고 부메랑은 시공을 넘어와 21세기를 날고 있다.

-〈부메랑〉 중에서-

〈봄이 전설이 될라〉에서는 환경오염으로 인해서 나비가 사라지고 꽃이 제대로 된 봄을 맞지 못하는 현실을 가슴 아파한다. 그래서 봄이 전설 속에 묻혀버릴 것 같은 현실을 두려워하고 있다. 〈부메랑〉은 인간이 추구한 이기적 문명이 자연을 파괴하고 결국은 인간을 파괴하게 될 무서운 현실을 '부메랑은 시공을 넘어와 21세기를 날고 있다.'고 토로하였다.

시대적 현실에 대한 고민이 없으면 문학이 아니라고 했다. 이 말은 문학이 현실문제 해결의 과정이라는 말과도 통한다. 문학이 문제를 제시하고 해결 방법도 넌지시 제시하면 감동한 독자들은 문제 상황을 인식하고 나름대로 방법을 찾게 된다. 소설은 이러한 문제를 가상의 세계를 이야기로 구성하여 보여주지만, 수필은 자신이 체험한 문제를 상상을 통하여 생생하게 재현한다. 소설은 가공의 세계를 구성할 때 그 개연성을 중시하지만, 수필은 체험을 보여주므로 진실성이 중요하다. 진실성은 현실에 대한 작가의 해석을 인상적으로 형상화하는 과정에 의해서 성패가 좌우된다. 현실을 바라보는 최명임 수필가의 시선은 분석적이고 과학적이며 해석은 매우 인간적이다. 그래서 수필이 철학과 문학의 사이에 있음을 보여 주는 문학 양식이라고 하는지도 모른다.

(3) 일상과 여행에서 줍는 철학

어떤 평론가는 수필이 일상에서 떠나 있어야 문학으로서 대접받을 수 있다고 했다. 그런데 수필이 체험과 사색의 문학이라고 한다면 과연 일상을 떠날 수 있을지가 의문이다. 일상의 체험에 머물러 버린다면 신변잡기가 되겠지만, 일상에 대한 철학적 사색을 통하여 삶의 지혜를 발견하여 문학적으로 형상화하면 그것이 곧 수필의 문학성 구현이라고 생각한다. 이런 면에서 최명임 수필가의 다음 작품을 유심히 볼 필요가 있다.

  빨래는 매일 내 손에서 환탈을 한다. 아침 댓바람부터 지니를 불러내고 부랴부랴 나서는 식구의 입성을 앞태 뒤태 돌아본다. 빨래를 걷어 들이고 전쟁터로 나가는 투사의 옷을 정성으로 다림질을 한다.

    나도 매일 거듭난다. 육신은 어제의 내가 아니고 내일의 내가 아닐 테니 거듭남은 분명하다. 나는 거듭나 본 적이 있던가. 환탈이 아니어도 나인 척 내 안에서 행세하는 모순덩어리 하나쯤 버리는 노력은 해보아야 할 것 같다.
    내게서도 향기가 나려나.
                                        -〈빨래의 의미〉 중에서-

    저 농도 짙은 묘약은 마늘의 사나운 냄새를 가라앉힐 것이다. 덤으로 화급한 성질까지 잡아 순한 심성으로 바꾸어 줄 것이다. 겁 없이 몇 톨 집어 먹어도 탈이 없는 평이해진 맛이 내 몸의 난을 평정한다니 믿어보련다. 마늘의 일해백리 중 한 가지 흠을 없애는 과정이다.
                                        -〈일해백리하다기에〉 중에서-

  이 두 작품은 일상에서 삶의 지혜를 발견하는 과정을 드러내었다. 〈빨래의 의미〉는 누구나 일상으로 행하는 빨래의 과정에서 다시 태어나는 옷을 보면서 자신의 육신도 환골탈태하는 것을 본다.

그렇게 생각하면 육신만 다시 태어나는 것이 아니라 다시 태어나는 정신세계를 암시하는 것이다. 〈일해백리하다기에〉에서는 마늘 까는 일상에서 마늘에 대한 의미를 생각한다. 일단 마늘의 설화적 해석으로 접근한다. 마늘 껍질 속에 갇혀있는 마늘 알갱이를 찾아내면서 '열두 대문을 닫아걸고 비밀도 아닌 것이 비밀에 싸여있을까.'라고 의문을 제기한다. 그러면서 '가아假我의 껍데기를 수백 겹 벗겨나가다' 드디어 '구중궁궐 속에 숨어있는 환심장할 진아眞我의 자태'를 찾아낸다고 했다. 그러는 과정에서 마늘만을 찾아내는 것이 아니라 진정한 나를 찾아내는 것이다. 마늘의 본질을 통하여 '화급한 성질을 가라앉히고 순한 심성으로' 거듭나는 자기 성찰과 자기 본질의 구현을 보여 주었다. 이러한 일상에서 건져 올리는 삶의 지혜는 모든 작품에서 드러나지만 특히 〈어우렁그네〉, 〈페이지가 없는 공간〉 같은 작품에서 두드러지게 나타난다.

> 갑자기 허기가 몰려온다. 가슴이 포만감으로 온통 차버리니 상대적으로 몸이 느끼는 공복감이다. 별천지 같은 섬에서 바다 냄새 가득한 진수성찬을 받았다. 여기에는 별도 무성하지 않을까. 하늘도 흠뻑 젖었다는 사실을 잊은 채 올려다보니 무수히 많은 별이 숨어서 수군거린다.
> -〈파도를 타야 닿을 수 있는 곳〉 중에서-

어둠이 바다를 가득 채웠다. 귀항하는 만선의 희락이 불빛으로 춤을 춘다. 출항하는 밤배는 파도를 가르고, 멀리 띄엄띄엄 떠도는 불빛이 꿈을 꾸기 시작했다. 부두에 매인 배는 무엇일까. 집착인 듯 멍에인 듯 단단히 묶여있다. 매인 배가 내 안에서 술렁인다.
　이 저녁 세상사에 얽매인 범부의 가슴으로 밀물과 썰물이 고동치며 들락거린다. 바다 돌을 닮으라는 다그침일까.
　　　　　　　　　　　　　　　－〈바다는 내게〉 중에서－

　여행은 일상의 탈출이라고 말한다. 이것은 착각이다. 여행도 사실은 일상의 한 모서리이다. 일상을 벗어나기 위해 여행을 떠나 여행지에 도착하면 그곳은 곧 일상이 되어 버린다. 최명임 수필가의 여행은 대개 남편과 동행한다. 이렇다면 분위기까지 일상에 가깝다. 여행도 일상의 한 모서리라 하더라도 시선이 닿는 모습은 사뭇 다를 것이다. 그러므로 거기서 발견하는 삶의 지혜도 조금은 새로울 것이다.
　〈파도를 타야 닿을 수 있는 곳〉이나 〈바다는 내게〉는 여행지 체험에서 얻은 삶의 지혜이다. 바다의 깨우침을 '밀물과 썰물이 고동치며' 범부의 가슴을 드나들며 바다를 배우라고 한다. 여행지의 자연에서 삶의 섭리를 배우는 작가의 모습을 발견할 수 있다.

(4) 세태에 대한 비판

　다산 선생은 그의 아들 〈연아에게 부치는 글〉에서 '임금을 사랑하고 나라를 근심하지 않는 것은 시가 아니다. 시대를 상심하고 시

속을 안타까워하지 않는 것은 시가 아니다.' '뜻이 서지 않고 배움이 순수하지 않으며 큰 도를 듣지 못한' 자는 시를 쓸 수 없다며 문인의 도를 말했다. 오늘도 시대와 역사에 대한 고민이 없는 글은 문학이라 할 수 없다는 데 대해 이견이 없을 줄 안다. 이 책에서 작가의 시대와 역사 세태에 대한 근심을 찾아보는 일은 매우 의미 있는 일일 것이다.

내가 집안을 발칵 뒤집어놓고 대대적으로 청소를 해도 알 수 없는 한구석에는 먼지가 습을 만나 썩어가고 있을 거다. 탐관오리의 가당찮은 행위와 갑의 폭력에 멍들어가는 민초들 아직은 많으리니, 촛불이 바람에 스러지지 않도록 부디 초심을 잃지 말라 중간보고를 드린다.
－〈○○○님 귀하〉 중에서－

아이들은 우리의 녹슨 심장을 부둥켜안고 기어코 하늘로 올랐다. 판관 앞에 속죄양이 되었다. 더는 부패해가는 어른들의 세상을 볼 수가 없어서 스스로 제물이 되었는지도 모른다. 그러나 그대도 우리도 죄 없다고 우길 일이 아니다. 그 자리에 앉아 무심하였던 죄, 목숨을 담보로 욕망을 채운 죄, 세월호인 죄, 사람인 죄, 아이들을 제물로 바친 죄···. 우리는 모두 죄인이다.
－〈천 개의 바람이 되어〉 중에서－

미투me-too의 확산이 그 소리이다. 그 소리가 어린 소녀의 미래를, 여성의 세계를 당당히 구축하게 된다는 말이다. 과감히 용기를 내어 철벽같은 남성의 그 무례한 성역을 무너뜨리고 사회악을 고발하는 그녀들의 반란이 밀려온다. 참으로 오랜 시간 짓밟히며 살아온 한 맺힌 여자의 후손들이 비로소 내는 저 소리가 여자의 역사를 다시 써 내려 가는 계기가 될 것이다. 그 소리의 영속성이 여자의 세계를 확고하게 세울 것이다.

-〈소리, 그 소리〉 중에서-

〈○○○님 귀하〉는 탐관오리에 대한 질책이다. 집안 청소를 하다가 일이 커져서 곳곳의 부정한 것들을 걷어내면서 사회의 부정을 생각하게 된다. 이렇게 보면 청소는 일종의 상관물이 되고 거기서 삶의 지혜를 깨닫게 된다. 청소를 하다보면 처음에는 '뒤숭숭하기 짝' 이 없지만 청소를 끝내놓고 보면 '대대적인 조치로 안정을 되찾은 정국의 평화로움에 만족감'을 느끼게 된다고 하였다. 그러나 '대대적인 청소를 헤도 알 수 없는 한 구석에서 먼지가 습을 만나 썩어가고' 있을 것을 지적하며 현 정국에 일침을 가하고 있다. 그것은 맞는 말일 것이다. 먼지와 습은 어디든 존재하므로 항상 유념하고 닦아내야 함을 청소라는 상관물을 통하여 깨우치고 있다.

〈천 개의 바람이 되어〉는 세월호 사건을 두고 우리 모두가 죄인임을 참회하고 있다. 세상 모든 사람이 세월호 사건은 내 잘못이 아니라 어느 누구 한 사람의 탓으로 돌리고 있다. 작가는 그것은 모든 기성인의 책임이고 어른의 책임이라고 참회하는 진정한 작가 정신을 이 글에서 보여 주었다. 이 두 작품은 정국에 대한 비판이라고 할 수 있다.

〈소리, 그 소리〉는 여자의 일생, 여자로 살아온 일생을 소재로 하였다. 특히 소설 《82년생 지영이》를 읽고 여자이기 때문에 겪어야 하는 성적 불평등에 관한 소회를 밝히고 있다. 그는 자신이 '지영이의 엄마이며, 내 할머니가 곧 지영이의 할머니의 전형'이라고 말하고 '분노하지 못한 분노가 정신을 갉아 먹는다'고 했다. 오늘날 미투의 확산은 곧 82년생 지영이의 외침이라고 생각한 것이다. 이 작품으로 인해서 작가의 말처럼 여자의 역사를 다시 쓰게 될지도 모른다. 이와 같은 정치와 사회의 부패와 불균형 부자유를 신랄하게 비판하는 작품은 일상을 소재로 했지만 단순한 일상이 아님을 웅변으로 말하고 있다.

(5) 존재에 대한 고민과 자아의 발견

수필은 자기 존재에 대한 고민으로부터 출발하는 문학양식이다. 대상을 통하여 자기 존재 의미를 확인하고, 일상에서 존재를 확인하는 것도 수필 창작의 한 과정이고 그 효과라고 할 수 있다.

> 모란은 오롯이 꽃으로 보아야 아름답다. 무궁화와 벚꽃까지 심어놓고 치열하게 논한다면 알력이 생겨 오류를 범할 수가 있다. 사람도 사람으로 볼 때 진정한 가치가 보인다.
> 모란 앞에 서면 오래 머물러 생각이 많아진다. 살아있다는 이유 하나만으로 다시 살고 싶다. 그러면 모란의 향기 없음을 탓하지 않고 사

람의 향기를 가늠하는데 서두르지 않겠다. 가식의 탈을 벗어 던지고 내가 진정이 되겠다. 선방의 여승이면 좋고 향기로운 모란이면 더욱 좋겠다. 후생에라도 꼭 한번 그렇게 살아보고 싶다.
－〈모란이 피었다〉중에서－

우리는 평범함 속에서 번뜩이는 존재감을 발견할 때 그 위력에 놀라움을 금치 못한다. 평범은 보통에 불과해서 예사롭고 개성도 색깔도 없다 말하지만, 내재한 힘이 터져 나오면 왕후장상도 고개를 꺾는 수가 있다. 유사시에는 그 위력이 존재감으로 하늘을 찌르는데 밤낮을 울리는 저 쩌렁쩌렁한 촛불의 함성과 동학군의 깃발이 그 좋은 예다.
－〈보편적 가치〉중에서－

〈모란이 피었다〉에서는 '가식의 탈을 벗어던지고 진정한 나'를 지향하고 있다. 모란에 대한 인식의 차이는 있지만 모란은 진정 꽃으로 보아야 한다는 확고한 자기 인식을 가지고 후세에라도 모란과 같은 꽃이 되겠다고 자기 존재를 확인한다. 〈보편적 가치〉에서는 개성도 색깔도 없지만 내재한 힘이 울려터지는 존재의 의미를 부각하고 있다. 이끼와 같이 진화하지 못한 존재라 할지라도 내재된 힘으로 민중의 혁명을 일으킬 수 있다는 존재에 대한 경외감을 드러내었다.

이 밖에도 〈둥지를 트는 일은〉에서 아무리 하찮은 존재라 할지라도 그것은 인간이 정한 가치 기준일 뿐 인간이 만든 안경을 벗어버리면 소중하지 않은 존재가 없음을 산까치의 둥지에서 발견한다.

이상에서 살펴본 것처럼 최명임 수필가는 그의 수필집 《언어를 줍다》를 통하여 그리움, 생태환경의 파괴에 대한 고민, 정치 사회 또는 세태에 대한 비판과 함께 일상에서 깨닫는 삶의 지혜를 작품화하였고, 삶의 주변에서 자기 존재의 의미를 찾아내는 작업을 통하여 수필문학의 문학적 성과를 거두었다고 할 수 있다.

3. 돌에서 주워 올리는 언어의 아름다움

　《언어를 줍다》의 형상화 과정을 정리하면 이렇다. 우선 인식의 과정에서 세심한 관찰, 독창적인 인식, 사고 과정의 논리성을 들 수 있다. 그의 작품에는 비유와 환유는 물론 의인화에 의한 소통이 발견된다. 이제 이런 과정을 조금씩 찾아보기로 한다.

(1) 보이는 것 너머까지 뚫어보는 철학적 시선

　작가가 대상을 바라보고 인식할 때, 우선 오감을 통하여 감각적으로 인식할 수밖에 없다. 시각, 청각, 후각, 미각, 촉각이 그것이다. 그러나 감각에 의지한 대상의 인식은 그 허울만을 보기 때문에 독창성이 결여될 수 있다. 18세기 독일의 낭만주의 시인이며 철학자인 노발리스Novalis는 대상에 대한 상상력을 강조하면서 '보이는 것은 보이지 않는 것에, 들리는 것은 들리지 않는 것에, 생각되는 것은 생각되지 않는 것에 닿아있다.'라고 일깨우고 있다. 그러므로 본다는 것은 삶의 총체적 지식 정보는 물론 작가의 삶의 철학을 투과해서 인식하는 것을 의미한다. 그래서 외면에 그치지 말고 내면을 보아야 하며, 시공을 초월하여 불가시한 영역을 인식해야 한다.

인식의 과정은 관심에서 시작하여 관찰하고, 사랑하고, 대화하며, 대상과 소통과 공감을 이루어내야 그 곡절을 이해하고 자기만의 세계를 이루었다고 할 수 있다. 이러한 문학적 인식의 과정을 고려하면서 작품을 살펴본다.

> 한술 밥은 금방 배를 부르게 할 수는 없지만, 안도감과 함께 허기를 가시게 하는 마력이 있다. 시간이 흐르면 내 혈관 속의 잡동사니늘이 필터를 통하여 시나브로 걸러지고 푸른 핏빛이 온몸을 돌아 못다 채운 허기가 포만에 들리라. 시간은 짧고 가야 할 길은 아득한데 그곳에 가면 정겨운 이가 호롱불을 들고 서 있다. '그대를 위함'이라는 팻말을 달고 있다. 희망이라는 그를 사랑한다.
> 　　　　　　　　　　　　　　　　　　－〈화해의 초대장〉 중에서－

> 인간보다 더 오랜 역사를 가졌음에도 진화하지 못한 생명이다. 이끼는 인간보다 더 오랜 역사를 가졌음에도 진화하지 않았다. 나는 그 순전함에 반한다. 수십억 년 숨 가빴을 와중에도 저를 잃지 않았으니 희귀하다. 순전하니 결코 만만치 않은 존재다. 끝없이 진화해온 인간은 흔적으로 공룡의 존재를 알아내었지만, 이끼는 숲을 누비던 공룡의 울

음소리를 기억하고 있을 거다. 소멸과 생성의 틈바구니에서 첫 사람의 생겨남도 지켜보았고 첨예한 대립과 발전도 지켜보았으리라. 이끼를 바탕으로 숲이 생겨나고 꽃물은 선명해지고 나무는 더욱 높이 올라갔다. 이 아름다운 은화식물은 우울한 땅에서 사려 깊은 안목과 진중한 처세술로 빛을 발하고 있다.

-〈보편적 가치〉중에서-

〈화해의 초대장〉에서는 한술 밥이라는 물리적 소재에서 안도감이라는 허기를 면할 수 있음을 발견한다. 물리적 허기감이 아니라 정신적 허기감에서 해방된다는 것은 '한술 밥'에서 아무에게나 보이지 않는 그 너머의 것을 인식한 것이다. 그래서 한술 밥에 의하여 혈관에 흐르는 잡동사니들의 걸러내어 미래의 호롱불까지 보게 되는 것이다. 예순 번째 생일날 남편이 그간의 '독재'를 내려놓고 끓여준 미역국을 '그가 내게, 내가 내게 건네준 화해의 초대장'으로 인식하게 된 것이다.

〈보편적 가치〉는 보잘것없는 초록 이끼를 보면서 생명의 근원과 인간의 위력과 존재감을 발견한다. 곧 '이끼를 바탕으로 숲이 생겨나고 꽃물은 선명해지고 나무는 더욱 높이 올라갔다.'고 한다. 그렇게 비록 평범한 존재들도 내재한 힘이 터져 나오면 '왕후장상도 고개를 꺾는다.'고 경계하고 있다. 그 예로 '촛불의 함성과 동학군의 깃발'을 들었다. 산중의 이끼나 초록 식물 그 너머를 발견한 것이다.

이 두 작품에서 알 수 있듯이 최명임 수필가는 대상의 그 너머를 천착하여 언어를 길어 올리는 철학적 시선을 가지고 관찰하고 소통하는 작가이다.

(2) 변증법적 사고의 과정

수필을 '체험의 기록'이라고 하는 말은 맞지 않는 말이다. 수필은 체험을 토대로 사색과 상상의 세계를 구현하는 문학이다. 문학적 상상력은 자발적인 존재생성의 동력으로서, 본래부터 인간의 내부에 잠재해 있다가 대상과 문학작품을 인식할 때마다 이미지의 형태로 존재의 전환을 가져오게 하는 힘이라고 할 수 있다. 문학 이론가들은 문학적 상상력이 이루어지는 체계를 물질적 상상력, 변증법적 상상력, 역동적 상상력, 원형적 상상력 단계의 순서로 이루어진다고 말하고 있다.

수필문학에서 상상력은 대상의 물질적인 본질 추구에서 유추되는 인생의 반추와 성찰을 하는 변증법적 상상의 단계를 거친 다음 역동적 상상력 단계로 이어지게 된다. 역동적 상상력의 단계란 바람직한 보편적 가치세계를 찾아가는 창조적인 탐색과 승화와 초극의 의지를 갖는 단계이다. 다음에는 상상력의 최종단계라고 할 수 있는 보편적 진리의 세계와 소통할 수 있는 원형적 세계에 이르게 된다. 다음 작품에서 이러한 상상의 단계를 확인해 보기로 한다.

(가) 어머니의 손은 덕석같이 거칠다. 저승꽃이 만발했고 내어 준 것이 많아서인지 지문도 닳아 희미하다. 손바닥에는 어머니의 생애를 말해주듯 수 갈래 길이 나 있는데 주름살처럼 깊이 패었다.
　(나) 한 세기를 살아오신 어머니는 만감이 교차하는 듯 눈물이 맺혔다. 아기가 움켜쥔 손을 놓지 않아 살그머니 벌리는데 힘이 만만치 않다. 열 달 내내 세상과 맞설 준비를 하였나 보다.
　(다) 자랑해도 흔쾌하게 수긍할 텐데 언제나 겸손하다. 그다지 부를 누리고 살아 보지 못했고 빨간 딱지가 집안 곳곳에 붙을 만큼 험한 시간을 보냈어도 낙천적이다. 나는 그의 정직한 사고에 한 번도 토를 달아 본 적이 없다. 사람이 생각대로 한결같이 살 수 없지만, 그리 살고자 애쓰는 노력이 보이기 때문이다. 손이 그를 닮아서 불굴의 의지와 사람의 온기가 고스란히 느껴진다.
　(라) 변화무쌍한 세상을 향해 무소처럼 치닫지 않고 박쥐처럼 웅크리지 않고 천천히 우회하는 아름다운 저 손들이 세상 한 영역을 꾸려간다는 사실에 우리의 심장은 또 한 번 고동쳐야 한다.
〈손의 이력〉 중에서-

　〈손의 이력〉에서 어머니의 손과 자신의 손을 보면서 상상력을 이끌어가고 있다. (가)는 어머니 손의 물질적 본질을 묘사하여 제시하였고, (나)는 어머니의 일생을 반추하고 자신의 생을 돌아보는 변증법적 상상의 단계이다. (다)는 '손이 그를 닮아서 불굴의 의지와 사람의 온기가 고스란히 느껴진다.'며 바람직하며 보편적인 삶의 가치 세계를 찾아가는 역동적 상상의 단계이다. (라)는 '손들이 세상 한 영역을 꾸려간다는 사실'을 깨닫는 원형적 상상의 단계에 이르렀다고 할 수 있다. 수필 작품이 대개 (라)의 단계에 이르지 못하고 (다)에서 머무르는 경우가 많다. 이런 점에서 작가의 상상력을 가늠해 볼 수 있는 것이다.

  수필이 수필다우려면 서사성과 서정성을 담는 것은 물론 철학적 사고과정을 거쳐야 한다. 수필은 개성적 문학이라고 한다. 이 말은 수필의 주관적 인식과 주관적 정서를 강조한 말이다. 그런데 수필은 보편적 진실을 담고 있어야 한다고도 말한다. 그렇다면 수필은 보편적 진실을 주관적 인식과 주관적 정서로 표현해야 한다는 말이다. 이러한 수필문학의 사색의 과정에서 간과할 수 없는 것이 변증법적 사고라고 할 수 있다.
  칸트의 철학을 계승한 헤겔은 인식의 대상은 반드시 모순이 존재하게 마련이라고 했다. 그래서 어떤 존재에서 모순을 발견하여 그것을 드러내어 인정함으로써 정正과 반反이 함께 통일된 진리인 합슴을 구현할 수 있다고 했다. 이렇게 통일된 진리를 절대 정신이라고 한다. 이러한 칸트의 이론을 수필에 적용시키면 감각단계와 지각단계, 절대정신의 단계로 생각할 수 있다. 감각적 이해단계에서 대상의 외면을 이해했다면 지각단계에서는 대상에 대하여 모순과 내면을 이해하는 것이다. 이와 같은 두 사고 단계를 거쳐 종합적 총괄적으로 새롭고 항구적인 개념을 형성하게 되는 것이다. 이러한 사고의 단계를 헤겔의 변증법에 적용하면, 감각단계(正) 지각단계(反) 절대정신의 단계(合)으로 설명할 수 있을 것이다. 다음 작품을 본다.

(가) 손을 보면 그 사람이 대략 보인다. 수 없이 보아오지만, 그들의 삶이 다 다르듯이 느낌도 다르다. 손 전문 모델인 그녀를 보았다. 진정 그녀의 손을 두고 섬섬옥수라 하겠다. 30여 가지 화장품으로 관리를 하고 신주 모시듯 한다. 세모시같이 결이 곱기도 하지만 연분홍 살 색이 돋보인다. 꽃가지에 걸린 달처럼 긴 손가락 끝마다 반달이 걸려 있고 달빛을 머금은 손이 해맑기도 하다.

(나) 그 손이 아무리 아름다워도 순결한 아기의 손과 비교 할 수 없다. 기도하는 손은 말할 나위도 없지만, 노동으로 다져진 손도 비할 데 없이 훌륭하다. 삶의 끈을 놓은 사람의 손도 보았는데 힘이 빠져버린 두 손은 창백하지만, 그리 편안해 보일 수가 없었다. 손도 그 사람을 닮아 텅 비어 있었다.

(다) 사연 많은 그 손으로 술잔을 들면 주변이 울리도록 목소리가 우렁우렁해진다. 나는 그의 손을 우리 어머니 손과 사랑스러운 피아니스트 희아의 손 다음으로 꼽는다.

-〈손의 이력〉 중에서-

(가)는 아름다운 그녀의 손에 대하여 긍정적으로 묘사하였다. 보이는 그대로 감각단계라 할 수 있다. (나)는 대상에는 어디나 존재하는 모순을 지적하였다. 지각단계라고 할 수 있다. (다)에서 절대적인 손

에 대한 영원불변하는 총괄적이고 항구적 가치를 종합하여 드러내었다. 절대 정신의 단계라고 할 수 있다. 이러한 사고의 과정은 작품의 품격을 한결 돋보이게 한다.

(3) 세심한 관찰과 비유적 묘사

수필에서 빼놓을 수 없는 것이 인상적인 이미지이다. 한국 전통 수필이 현대화하면서 이미지의 인상적 표현은 점점 더 고급화되었다. 인상적 표현에서 묘사만큼 효과적인 방법은 없다. 최명임 수필가의 작품에서 발견되는 세심한 관찰과 인상적 묘사를 다 설명할 수 없어 다음 몇 가지만 살펴보기로 한다.

> 촌로의 유일한 매물은 푸성귀 한 자루, 떡장수, 두부 장수, 바퀴벌레 약장수, 닭집에서 홰치는 소리, 뻥이요-. 왁자한 난장에서 쿵쾅거리는 맥박 소리가 허벌나게 들린다. 이 역동적 삶의 현장에 들어서면 거부할 수 없는 에너지로 살맛이 난다. 사는 재미가 없을 때 시장엘 가보라던 누군가도 덤으로 희망을 얻어 간 경험이 있을 거다.
> -〈마수걸이와 덤〉중에서-

> 지루함을 비껴가려고 장난을 했다. 막 캐낸 마늘이라 물기를 머금은 껍질이 두툼하다. 한 겹 벗겨보았더니 외압을 견뎌낸 겉옷은 결이 굵은 삼베옷 같다. 또 한 겹 비밀의 문을 열고 들어가니 홍조 띤 비단옷이 드러난다. 대여섯 겹 무리 없이 걸쳐 입은 옷을 다 벗겼더니 알맹이가 오

종종히 머리를 맞대고 있다. 희한도 해라. 보석이라도 되는 양, 한 알 한 알 비단보에 옹차게 싸여 있다. 마지막 보자기를 풀어헤치니 아른아른 비치는 모시 한 겹이 휘장을 치고 있다. 그마저 열고 보니 막 목간한 아기의 속살같이 반들반들하고 포동포동한 알맹이가 나온다. 달처럼 뽀얀 살결에 생김도 오달지다.

-〈일해백리하다기에〉 중에서-

마늘각시는 왜 열두 대문을 닫아걸고 비밀도 아닌 것이 비밀에 싸여 있을까. 본질은 내밀한 방보다 더 깊은 곳에 감춰져 있는 법, 가아假我의 껍데기를 수백 겹 벗겨나가다 드디어 '나'를 만난 웅녀의 명답이다. 속인의 물듦에서 벗어나지 못한 호랑이도, 나도 찾아내지 못한 구중궁궐 속에 숨어있는 환심장할 진아眞我의 자태이다. 인고의 세월이 겹을 이루면 그때는 나도 나를 알아보려나.

-〈일해백리하다기에〉 중에서-

박문수의 마패처럼 걸레를 쓱 내밀었더니 구석구석 부정한 것들이 드러나 주위를 환기한다. 집 안이 씻은 듯 부신 듯 청정지역이 되었다. 기분이 상쾌하다. 촛불집회가 절정에 달했을 때, 탐관오리들이 와르르 무너져 내릴 때 국민들이 맛보았던 통쾌, 명쾌, 상쾌와 상통하지 않을까.

-〈OOO님 귀하〉 중에서-

봄비는 시샘인가, 사랑인가. 꽃대를 잡고 흔들다가 앵돌아진 얼굴로 눈을 흘긴다. 또 어느 때는 꽃잎을 향해 얼굴 붉히며 야릇한 눈빛으로 구애를 한다. 어설픈 객기는 삼각관계일지언정 그중에서도 독보적이 되고 싶다. 턱에 거뭇거뭇 거웃 나고 몽정을 치른 사내 녀석처럼 얄궂다. 봄비는 사랑인가?

-〈봄비는 얄궂다〉 중에서-

〈마수걸이와 덤〉은 시장의 모습으로 인상적으로 묘사하였고, 〈일해백리하다기에〉는 마늘 까는 과정을 환상의 세계로 그려내고 있다. 이런 묘사는 환상적 비유라 할 수도 있고 일종의 환유적 표현이라고 할 수도 있을 것이다. 환상적 묘사라 하는 것이 가장 좋을 것 같다. 다음 부분은 마늘을 설화적으로 비유 묘사하여 매우 인상적인 효과를 거두었다. 〈○○○님 귀하〉는 세태에 대한 풍자적 묘사이다. 작품의 주제에 따라 이와 같이 묘사와 비유의 방법은 적절하게 달라질 수 있다. 〈봄비는 얄궂다〉는 의인법을 통하여 대상을 선명하게 드러내었다.

(4) 다양하게 주워 올린 우리말 어휘

문인은 모국어를 지키고 보존할 의무가 있다는 것을 모르는 사람은 없을 것이다. 최명임 수필가는 고유어, 방언, 예스러운 말들을 찾아 살려내는 작가이다. 예를 들어보면 다음과 같다.

> '아름지더니, 옴포동이, 가멸찬, 바글거린다, 뻬질뻬질, 윤슬, 자그락거림, 황소바람, 말똥싸지, 웅숭깊다, 미맹, 새뜻하다, 구중중하다, 오종종, 뭉근하다, 꼭뒤, 흥감스레, 매칼 없이, 불각시리, 흥감스럽다.

떼기, 그미, 덜퍽지다, 단바람에, 미쁘다, 실팍한, 행우지, 얼척없는, 흐벅지다'

이루 다 언급할 수 없을 정도이다. 이렇게 고유어나 방언 같은 어휘를 살려 쓸 때 조심해야 하는 것이 문장의 자연스러움을 잃지 말아야 한다는 점이다. 사라져가는 우리말 어휘를 되살려 쓰는 중요성은 다시 말할 필요도 없지만 문장의 자연스러움도 간과해서는 안 되겠다.

4. 휘갑치기

최명임 수필가는 노력하는 수필가이다. 독서량이 많고 쉬지 않고 습작을 하며 끊임없이 사색하는 면모를 엿볼 수 있다. 흔히 좋은 글을 쓰기 위한 요건으로 말하는 다독多讀, 다작多作, 다상량多商量하는 수필가이다. 그는 비교적 늦은 나이에 수필가로 문단에 이름을 올렸지만 수필 전문지에 자주 눈에 띄는 문제 작가로 알려져 있다.

수필은 서구 문학 양식인 에세이와는 다르다. 수필은 신라시대 기행수필인 혜초 스님의 왕오천축국전에서 발원하여 고려에 이르러 이곡, 이규보 등의 수필로 발전하였다. 우리 민족에 의하여 자생된 우리의 문학인 것이다. 현대에 이르러 조선시대의 교술성이 많이 감소되고 서정성과 서사성이 균형을 이루면서 삶의 의미를 찾아내어 재미와 감동을 함께 얻을 수 있는 수필의 한 맥이 자리를 잡게 되었다고 생각된다. 이것이 우리의 전통수필이 아닌가 한다.

최명임 수필가의 《언어를 줍다》에 수록된 49편의 작품은 작가를 비롯한 보편적 인간이 가질 수 있는 그리움의 대상을 바위처럼 단단한 일상에서 샘을 뚫어 길어내고 있다. 그 그리움은 과거에 대한 그리움일 수도 있고, 밝은 세계에 대한 그리움일 수도, 있고 따뜻한 인간애를 지닌 삶일 수도 있으며, 인간 존재에 대한 그리움일 수도 있다. 그의 그리움은 그의 논리적 사색을 통하여 서정과 서사의 균형을 이루며 독자에게 인상적으로 다가서고 있다.

21세기는 읽을거리가 홍수처럼 범람하고 있다. 그래서 쉽게 다가오지 않는 글은 그것이 금과옥조라 할지라도 외면당하기 쉽다. 독자에게 조금 더 쉽게 다가설 수 있는 가벼운 발걸음을 권하고 싶다.

수필문학을 함께하는 인연으로 이 글을 쓰면서 좋은 그림에 사족을 붙이는 것 같아 두렵기만 하다. 더욱 정진하기를 빈다.